国家出版基金项目
NATIONAL PUBLICATION FOUNDATION

社会主义核心价值体系建设
"双百"出版工程
项 目

100位
新中国成立以来感动中国人物

麦贤得

王国梁/著

吉林文史出版社

《100位新中国成立以来感动中国人物》丛书

编委会

主　任	何建明　蒋建农　高　磊
副主任	孙云晓　徐　潜　张　克　王尔立
编　委	王久辛　杨大群　黄晓萍　申　剑
	褚当阳　刘玉民　王小平　相南翔
	夏冬波　刘忠义　高　飞　陈　方
	阿勒得尔图　陈富贵

前言

每个人的心中都多少有一点英雄情结,都向往英雄、景仰英雄。也正因此,在中华人民共和国建国六十周年之际,由中央十一部委联合组织开展的"100位为新中国成立作出突出贡献的英雄模范人物和100位新中国成立以来感动中国人物"的评选活动中,群众参与投票总数近一亿。这其中的每一张选票,都表达了人们对英雄模范的崇敬之情,寄托着对伟大祖国的美好祝福。

一个民族不能没有英雄,否则这个民族就不会强大。当国家危难之时,懦弱者选择了逃避、妥协甚至投降,英雄们却挺身而出,用热血捍卫民族的尊严,人民的幸福。在创立和建设新中国的伟大历程中,涌现出无数可歌可泣的英雄模范人物。他们之中,有为了民族独立和人民解放而英勇牺牲的革命先烈,有为了党和人民的事业而不懈奋斗的优秀共产党员,有在全民族抗战中顽强奋战、为国捐躯的爱国将士,有英勇杀敌的战斗英雄和革命群众,有积极从事进步活动的著名民主爱国人士和国际友人……他们是民族的脊梁、祖国的骄傲,是激励全体人民团结奋斗的精神力量。

《100位新中国成立以来感动中国人物》丛书,就像一部星光璀璨的英雄谱,真实、完整地记录了英雄模范人物不平凡的一生,再现了他们非凡的人格魅力和精神世界。舍身堵枪眼的黄继光,拼命也要拿下大油田的王进喜,中国原子弹之父邓稼先,新时期领导干部的楷模孔繁森……一串串闪光的名字,一个个动人的故事,犹如群星闪烁,光耀中华。

当今中国正处于伟大变革的时代,迫切需要涌现出一大批勇于承担历史使命、为祖国和人民奉献一切的先进人物。在"双百"人物崇高精神的引领下,在建设社会主义现代化国家的征程中,必将英雄辈出。

生平简介

麦贤得，男，汉族，广东省饶平县人，中共党员。1946年出生，1963年入伍，中国人民解放军91708部队原副司令员。1965年八·六海战中，时任海军护卫艇某大队611艇机电兵的麦贤得英勇作战，不幸被一块炮弹弹片击中右前额，在脑神经严重受损、脑浆溢出粘住眼角睫毛的情况下，他仍然坚守在战位上，直到战斗最后胜利。受伤期间，他以惊人的毅力，顽强的战斗意志，在几台机器、几十条管路里，检查出一个只有手指头大的被震松了的螺丝，并用扳手拧紧，保证了机器的正常运转。毛泽东同志十分关心他的伤情，周恩来同志亲自组织全国著名的脑外科专家为他会诊。1966年2月，国防部授予麦贤得"战斗英雄"荣誉称号。

麦贤得一直在部队工作，先任海军某部副处长，后任驻汕头某部副司令员，授大校军衔。他的职位变了，但他心中的信念永远不变。麦贤得平时艰苦朴素，但在扶贫济困上，他却格外大方。

1971年，麦贤得与李玉枝喜结良缘。作为英雄的贤内助，身为妇联干部的李玉枝给了麦贤得家庭的温暖，相夫教子，她都做得很出色。

1988年，麦贤得当选为中国残疾人联合会主席团成员。1989年9月28日，麦贤得出席全国劳模和先进工作者表彰大会，成为特邀代表。2007年麦贤得以大校军衔从广州海军基地副司令员的职位退休。党和国家给麦贤得很高的荣誉和关怀。毛泽东、邓小平、江泽民、胡锦涛四代领导人都先后接见了他。时任中央军委副主席、国防部长的迟浩田给他们夫妇的题词为："无私无畏永保英雄本色，品德高尚堪称模范军嫂。"

◀麦贤得

目录 MULU

■ 再现八·六海战风云　展示战斗英雄风采（代序）／001

■ 引子：香港回归，赠予二字："祖国！"／001

■ 倔强的孩子／003

流星飞过，祸兮福兮／004
他诞生在南海渔村。出生时，他啼哭不止，小脚后跟都捣烂了。家里人心里嘀咕：这孩子会给这个家带来福音吗？

　　上学第一天／006
　　上学第一天，他举报违规同学得到老师表扬；他又惩罚同桌女同学，遭到白眼。人们认为，这同学脾气古怪，不可惹！

赶小海去／010
他很小就跟大哥下海捕鱼，争强好胜。为了救同伴，他脚被牡蛎扎伤了，伤口几寸长。他咬紧牙关，用母亲的缝衣针自己缝补伤口。母亲痛怜交加。

　　参军入伍／014
　　亲友们恋恋不舍地向他告别，戴着大红花的他，走上了从军的大路上。

■ 锻炼！锻炼！／017

在虎门海校／018
入伍当海军，刻苦学习，成绩从原来的2分升上5分。炎热的酷暑考验这个倔强的渔家孩子。

夜老虎 / 023
他用惊人的毅力，以常人难以想象的苦练掌握了实战技能，受到了首长的赞扬。

■八·六海战 / 027

出发 / 028
台湾当局派出了美制战舰"章江号"和"剑门号"袭扰我东南沿海，军委下令截击。毛泽东说"要给他们颜色瞧瞧！"麦贤得奉命与战友出击！

战火烧红东山岛以东海域 / 030
我海军编队与敌舰交火。开创了世界海军史以小艇战胜大舰的先例。四艘小战艇把两艘大战舰打得晕头转向，"章江号"被我小战艇击沉于海底了，战火烧红了半边天。"剑门号"也在我鱼雷快艇的联合攻击下，12分钟就被击沉了！

三小时——惊天地而泣鬼神 / 038
他在战斗中脑部被弹片击中，脑髓迸流，昏死过去。但依稀中听到炮声，他以惊人的毅力爬过狭小的舱洞，守卫在战斗岗位上，坚持战斗三个小时，直到把敌舰击沉，才倒下去……

■生命诚可贵 / 053

鮀城医院八昼夜 / 054
他在汕头医院抢救，连续昏迷八昼夜，汕头人民踊跃献血。但因伤势太重，第二次脑手术失败了。周总理电令专机运往省会广州……

萧小俏日记之一：麦贤得苏醒了 / 062
全国调集了一流专家聚集广州陆军总医院。护士萧小俏日夜守卫在他身边。他三天后终于苏醒了。她高兴得跳起来。

萧小俏日记之二：第三次脑手术 / 066
第三次脑手术成功了。这次手术是补漏，他脑脊液鼻漏。手术后，他准备迎接从脑里取出弹片的大手术。生死攸关，专家们为之废寝忘餐，如临大敌。

萧小俏日记之三：毛主席派老帅们看望他了 / 069
他的英雄事迹在《人民日报》、中央人民广播电台发表播放了。国防部授予他为"战斗英雄"。一夜之间全国人民都知道他的英名，毛主席派了贺龙、叶剑英、徐向前等元帅和国家副主席董必武来看望他了！

萧小俏日记之四：第四次脑手术 / 077
主刀医师刘明锋经过半年多的准备、苦练，终于成功地完成了开颅取弹片的脑手术。他终于走出了死亡线，萧小俏激动得喜泪满面。

■ 幸福的日子 / 081

惜别依依出院时 / 082
他在陆军总医院住了370多天，明天就要出院了。萧小俏千叮咛万嘱咐：要定时吃药，要多吃水果，不要发脾气……他双眼饱含泪水，嗓门发颤道："萧姐，你一定要到疗养院看我呀！"

毛泽东主席单独接见 / 088
1967年12月3日，他盼来了人生最幸福的日子，毛主席接见他了。主席鼓励他："小麦呀，要用你的硬骨头精神战胜疾病，养好身体，为人民立新功。"他坚定地说："是，是，主席，我要为人民立新功！"

■ 家有贤妻 / 091

相亲 / 092
顽固的机械性癫痫病折磨着他。为了让他减少痛苦，尽快恢复身体，过上正常人的生活，部队首长考虑物色一位好姑娘与他建立家庭，以照顾他的一生。这一场有趣的相亲会，一位心如皎月的好姑娘走进他的生活……

喜结良缘 / 096
今晚这场婚礼之后，李玉枝知道今后自己双肩的重量，她要承担的责任。这是普通的新媳妇难以想象的啊！她在婚礼上动情地唱了京剧《智取威虎山》的唱段："共产党员，时刻听从党召唤……明知征途有艰险，越是艰险越向前。"

麦贤得心曲：今年的春节不欢乐 / 098
文革十年动乱，他也深受其苦。他被视为林彪树起来的"假英雄"，下放到偏僻的山沟里的小农场，心情忧郁，病情加重。春节到了，他们小夫妻过了一个很不快乐的大年。

麦海斌：这个爸爸真怪 / 101
小海斌"告状"："妈妈，爸爸打我呢！"妈妈说："你爸爸是要教你乖，为你好的。"小海斌："爸爸是要为我好，但伸手就动武，我又不是敌人，我不服他！"

只有妻子最相知 / 104
湖北秭归县水泥厂486名青年致信李玉枝："麦贤得叔叔那顽强的英雄风姿一直是我们心目中可亲可爱可敬的崇拜形象……"阿斌呜咽道："妈妈，有这么多叔叔想念爸爸，关心爸爸，爸爸真光荣。您爱爸爸是对的! 我错怪您了！"

小翠园春早 / 107
翠园今日春风来，玉树繁花带露开。海军司令员刘华清、政委李耀文写信给麦贤得夫妇，称赞他保持英雄本色，值得全军学习；她十五年如一日，悉心照料英雄，令人敬佩。不久他出席了全军英模大会，受到邓小平主席的接见。

■英雄本色 / 111

在葫芦市 / 112
他下放在葫芦市，把省下来的工资买药救治患病的乡村大娘。大娘对儿子颤声道："孩子，你可要记住，大恩人叫麦英雄，麦……"

麦副司令管"全面" / 117
他这个副司令管得很"全面"，见不顺眼的事，是什么就管什么。从汕头管到广州，从广州管到北京。其实，凡他管的事都管得挺有水平呢。

八·六生日 / 121
"八·六"这一天，是他再生之日。战友们都会到他家里看望他，跟他共度这个生日。今年的生日挺特别，战友聚会，欢天喜地。当海军的小女儿阿珊，给他寄来一份特别的礼物——电动须刨，他高兴得大嘴咧开……

胡主席接见 / 125
2009年4月24日，胡总书记在北京海军礼堂接见了他。胡主席双手紧紧地握住他，四手紧紧地叠在一起。主席关切地问："生活过得好吗？"麦贤得答道："很好，主席放心。为党、为祖国、为人民服务。"

■后记　小书能见大境界 / 127

再现八·六海战风云　展示战斗英雄风采（代序）

孔照年

　　这本书，真实描写和热情讴歌了八·六海战著名钢铁战士麦贤得的成长过程和英雄事迹。中央军委迟浩田副主席在百忙中特别为该书题写书名，更加突出了该书的作用和意义。我作为当年八·六海战第一线的指挥员为此感到格外高兴和自豪，并对该书的出版表示衷心的祝贺!

　　岁月匆匆流逝，转眼之间八·六海战已过去 34 年。看了《沧海英雄》这本书，又把我带回到当年这场海战的战场，更加想念一起战斗的战友和同志。那是 1965 年 8 月初，我在南海舰队属下的汕头水警区任副司令，与战友们一道日夜守卫祖国的海疆。当时，台湾国民党当局经常派遣军舰和特务到我东南沿海进行骚扰和破坏，我们保持着高度的警备状态，连八一节也派出舰艇出海巡逻。8 月 5 日，部队放假休息，我正同官兵一起聚餐，便接到舰队发来的敌情通报，蒋台海军有两艘大型军舰正向我闽粤交界的海域驶来，其企图到我沿海偷登袭扰，搞心战破坏活动，并下达了预先号令，要部队立即进入一级战斗准备，命我负责海上统一指挥。我们进行简单的战斗动员，作了战斗部署，上报了作战方案。在舰队批准作战方案后，凌晨，我和参谋长率艇队迅速到达预定的作战海区。这时已查明蒋台大型军舰是美制"剑门号"与"章江号"。当敌舰距我艇队十多链时，敌舰向我编队盲目射击，并打照明弹。我便命我们高速护卫艇全速接敌，当接近敌舰二三链时，即向敌舰猛烈射击，并把敌队冲开。在未辨清是"剑门号"还是"章江号"时，我们艇队硬咬住其中一艘敌舰不放，坚决攻击，冲击距敌舰只有一二百米，看到敌人在"章江号"舰上乱跑。经六次反复冲击，"章江号"中弹起火爆炸，当即沉没。此时逃离到十几海里处的"剑门号"，还在那里等候"章江号"一起逃回台湾，岂知半小时后，在我高速护卫艇和鱼雷快艇协同攻击下连连命中三雷，仅用12分钟就被我一举击沉。这场海战，我俘敌"剑门号"中校舰长王韫山及中校参谋黄致君以及28名敌人。我们迎着初升的太阳胜利返航了。这场海战的胜利，是我们贯彻执行毛主席集中优势兵力、各个歼敌作战方针的胜利，是发扬我军近战、夜战优良传统的结果，也是小艇打大舰的一个著名战例。八·六海战，给台湾当局以沉重打击，从此以后敌舰艇再不敢到沿海来捣乱了。

我们人民海军是用毛泽东思想武装起来的，是战无不胜的英雄军队。在这次海战中，全体指战员显示出敢于斗争、敢于胜利、不怕牺牲、前赴后继的革命英雄主义精神，打出了国威军威。军委首长给了很高的评价，指出这次海战，打得英勇顽强，打得坚决干脆，是一场漂亮的海上歼灭战，也是海军近几年来最大的一次胜利。《沧海英雄》这本书，以文学手法真实而生动地再现八·六海战的战斗风云，高度颂扬我军英勇善战的战斗作风和革命英雄主义，看后给人以鼓舞和力量。因而，本书的价值是不言自明的。

这里值得指出的是，这部作品以八·六海战战斗英雄麦贤得为主人公，对其进行了精心刻画和生动的描绘，更具感人的典型意义。我参战干部战士个个不怕苦不怕死，麦贤得是突出代表。当时他是入伍不久的611艇轮机兵，在战斗中头部受重伤，脑浆都流出来了，几次昏迷过去，但凭着保卫海疆的神圣责任感和坚强的革命意志，被炮声震醒过来后继续坚守战斗岗位，用手拧紧松动的螺丝钉，保证战艇主机的正常运转，咬牙坚持了三个多小时，直到战斗胜利结束才再次昏倒在艇上。麦贤得的英雄壮举和硬骨头精神，感动了参战的所有战友，通过媒体介绍也感动了全国亿万人民。他被国防部授予"战斗英雄"的光荣称号，受到毛主席和周总理的亲切接见，还受到邓小平同志和江泽民同志的多次接见，多位老师还亲临慰问，麦贤得成为全军全国人民学习的英雄人物。34年来，这位备受尊敬的英雄如何生活和工作呢？在这本书中，作者不仅详细地叙说了麦贤得身负重伤后如何经过四次大手术起死回生，在以后的岁月中如何身残志坚严守战斗岗位，做出了许许多多的贡献。一直保持着战斗英雄本色的传奇业绩，同时采用倒叙的笔法，具体描述了麦贤得的成长过程、人生道路和思想基础。特别是，书中下半部还用不少篇幅生动地描写麦贤得的妻子李玉枝的高尚情操和模范事迹，向读者展示了这位美丽而贤惠的渔家女如何偏偏爱上重伤致残的麦贤得，如何为了照顾好这位英雄吃尽苦头、付出了一切，又如何费尽心思把两个子女培育成人、应征入伍，并成为受广大官兵和人民群众尊敬的模范军嫂。军委迟浩田副主席为这对英雄夫妻题词说："无私无畏永葆英雄本色，品德高尚堪称模范军嫂"，给予了很高的评价，并希望广大官兵向麦贤得和李玉枝同志学习。《沧海英雄》这本书的一个成功之处，正是真实塑造了这对英雄夫妻的崇高形象，生动描绘了这对英雄夫妻的高尚品德，从而为广大读者尤其青年读者提供了学习英雄、争当英雄，继承和发扬爱国主义精神的一部好读物、好教材。

作家王国梁撰写这部文学作品，是以八·六海战为题材，又以英雄麦贤得为主要人物展开的，我作为这场海战的参加者，尽管年岁已大，早已离休在家，但仍感先睹为快，并向作者介绍了当年这场海战的背景情况和作战经过。书中有些章节提到我，未免过奖了。这只不过是作为一个指挥员应尽的责任。八·六海战能获全胜，应归功于党和人民，归功于我军各级指挥员的指挥艺术，归功于参战指战员的英勇作战。这里我还要特别说一句是，当前李登辉鼓吹"两国论"，妄图把台湾从祖国分割出去，这罪恶图谋是永远不会得逞的。因而，长征出版社此时编辑出版《沧海英雄》这本书，让天下的人们回首看看八·六海战风云。不难断定在威力无比、无坚不摧的中国人民解放军面前，李登辉这号玩火者的必然下场。

1999 年 9 月 18 日

（孔照年系第十、十一届中共中央委员、人民海军副司令员、八·六海战前线指挥。本文是 1999 年长征出版社版《沧海英雄》的序言，因本书主要内容和史实均来自作者那部著作，故转用之。转用时稍有修改）

引子：香港回归，赠予二字"祖国！"

"嗒，嗒，嗒……"香港回归倒计时的秒针一声声把国人敲得心花怒放，心跳加快：快了，快了，离开百年的香港要回归祖国的怀抱了！

这时候，在祖国南海之滨的汕头港湾上，一辆银灰色的"三菱"小轿车载着副司令员夫妇，迎着清爽的海风，跨过了腾空飞架的海湾大桥，一直开往峜石军港……

今天，人民解放军驻港部队舰艇大队将要离开汕头港，去接受共和国赋予的神圣使命！这是一个气势雄壮的场面，亿万人民在电视机前注视着这一场面！

此时的他心里很不平静，似南海波涛一样汹涌澎湃。前面就是军港了，军港里面就是他熟悉的心爱的战艇了，战艇里面有他可爱的水兵，水兵里面有他亲爱的儿子——在自己以特殊的、孩子难以接受的形式关怀下长大了的儿子。这几年他身体越来越好了，一对儿女对他的尊敬，妻子对他的体贴，他真正感到家庭的温馨，妻子儿女的可爱。没有党和国家的关怀，没有妻子和儿女对他的关心照顾，他或许早已到马克思那里报到了。说心里话，他当年在八·六海战中仅仅尽了一个战士舍身卫国的责任，党和国家就给了他那么高的荣誉。三十多年来，毛泽东、周恩来、邓小平生前都曾经亲切接见他，江泽民主席先后六次接见他，还有多位元帅和各级首长都接见他、探望他、关心他，他确实万分感激。但他战伤了，身体不好，不能上战艇为国效劳。儿子长大了，就送他当水兵去，接过自己的枪杆子，代父上战艇，了却自己的心愿，也了却儿子的心愿。但还不够，儿子是他的儿子，要干出一点颜色出来！是的，儿子为他争气了，4年前入伍读军校，仅一年多就凭自己的努力入党，毕业后分配到驻港部队的战艇，也跟他当年一样日

△ 麦海斌见父亲走过来了，他尊敬地向父亲行了一个庄严的军礼……

夜在风里浪里滚打。去年9月，还在抗击台风中立了三等功！"驻港部队"是一个光荣的名字啊，海斌呀，你要为父母争气，你要为中国人民争气，责任重啊！

他望着战艇上猎猎飘扬的五星红旗，眼睛更亮了。他侧脸问坐在身边的妻子："阿枝，见到阿斌，你知道我要说什么？"

"你说什么？"妻子也沉浸在兴奋之中，"你就——"

"别讲，别讲，我知道说什么！"一贯争强好胜的他真的心中已有数了，他不准备多讲，他就讲一句话……

忽然，一阵嘹亮的歌声飞来了——

……
万山群岛留英名，八·六海战建奇功。
驻守在东方名城，不负神圣的使命。
今天我们满怀豪情，踏上新的征程。
……

战艇上的高音喇叭传来了《人民解放军驻港部队舰艇大队军歌》，这威武雄壮的歌声，响彻海湾，在人们心中回荡！

他迈着军人特有的步伐走到队伍中一个年轻战士面前，那战士太像麦贤得了，坚毅的脸庞，威武的身躯，一股英气布满眉眼——他就是麦海斌。他见父亲走过来了，尊敬地迈前一步，向尊敬的父亲行了一个庄严的军礼。闪光灯阵阵闪亮，记者们逮住了这难得的镜头。

"海斌！"爸爸亲昵而威严地叫唤着儿子的名字。

"爸爸。"海斌睁着睿智而明亮的大眼睛，期望爸爸临别给他教导。

"海斌，记住，祖国——祖国！"

啊，祖国！收回香港主权，是洗尽国耻，洗尽民族英雄林则徐为之痛心疾首的国耻，亿万炎黄子孙为之痛心疾首的国耻！爸爸因战伤语言还有障碍，话语不多。但这简单的两个字，透露出一位人民海军老兵藏在心头的千言万语啊！

麦海斌眼眶湿润了。他知道他的责任，他用劲地点点头："爸爸，请您放心吧！"

倔强的孩子

流星飞过，祸兮福兮

★★★★★

公元 1946 年 2 月 1 日傍晚。

"哇，流星，快看流星哟，多亮！"洴洲村口一群孩子，在寨垾上惊奇地呼叫着。

"吱呀！"麦家的大门吹开了，一股强风直钻进来，门外如同白昼。"阿金，快把门关上。"奶奶招呼着阿金。

"嗡嗷，嗡嗷……"一声婴儿的啼叫。

"巧姆，顺顺吗？"奶奶望着从眠床边走过来的接生婆巧姆。

"清水，清水。"巧姆一边举着湿淋淋的双手，一边招呼奶奶。

奶奶急忙端过一盆清水。巧姆边洗手边报喜道："男的，比当年阿庆还大还重，眉毛如双星剑，鼻大嘴阔，将来会发达的。"

奶奶高兴得嘴咧开了："阿金，甜？端给阿姆吃，吃暖。"

阿金小手端过刚才奶奶已装好的一竹节碗甜蛋，里面有两颗红皮鸡蛋，香喷喷的。

"美婶，刚才孩子刚出世时，大门怎的自动打开，门外光亮光亮的，叫嚷什么？"巧姆边吃边问。

"阿庆，我们瞧瞧去。"好动的阿金招呼着已钻往眠床里看弟弟的阿庆。

"哎！"阿庆应了一声，就溜下床，跟着阿金窜出门去。

不一会儿，两人又溜回来："奶奶，听阿发说，刚才有一颗流星，从我们屋顶飞过，村子很亮很亮的！"

巧姆停下筷，老脸倏地露出喜色："美婶，大富大贵啊！这孩子可要好好抚育，日后一定成大器的。"

儿子顺顺出世了，吃奶很有劲，一双小脚像鼓槌一样，敲下眠床板像敲响鼓一般。会哭，嘴抿开，嘴角翘翘的，真讨人爱。林呖越端详越疼惜，有时轻轻亲亲他的小脸蛋。奶奶阻挡说，不能亲，小脸蛋嫩，亲后要生油渣儿。

孩子顺顺出世了，但悬在林呖心头的、搅得她坐卧不安的是丈夫出海近二十天了还没消息！

时令已进入寒冬腊月。日暮了，海风甚冷，冷得刺骨。

麦阿记裹着破棉袄，手提两匹花布，抖颤着走进离别一个多月的家门。

麦家在洰北村丰源巷里，原来院落很有气势，"驷马拖车"，有主厅、主房、厢房。后来儿孙繁衍，厅房平分，有的得主厅，有的得主房，有的得厢房，中间又垒了矮墙，于是就觉得狭窄了。只是古昔的黑漆大门仍为共用，原来寒冬时节，大门关闭，全族人家就各在各自房中过活。因人口越来越多，出入的人杂乱，终日大门吱呀吱呀地响，还有那两个大门环叮当叮当地晃，烦人。于是后来也就没关大门了，各自关各自的小家门。

麦阿记跨进有些陌生了的大门，只见天井中横拉着一道麻绳，晾着许多花花绿绿的尿布和小裙子——他知道，娃娃出世了！

门推开，围在桌子吃饭的全家人霍地站了起来，喜出望外。

"阿爸……啊，阿爸！"阿庆眼尖、脑子灵，一见阿爸，放下饭碗，叫着、跳着跑了过去。

阿金也猛地放下碗箸，跑过去接住叔叔腋下的布匹，高兴地道："叔叔，你回来了！二弟出世了……"

"阿记，你回来了，阿弥陀佛！"奶奶站起来，双手在围裙上擦了擦，接过高兴得发呆了的林呖怀里的婴儿，一摇一摇地走近麦阿记面前，"嗯，二十三日了，沉沉的，比阿庆出世时还大……"

麦阿记接过自己的亲生骨肉紧紧抱在怀里，心里暖烘烘的——啊，终于团圆了，终于合家团圆了！

"庆他爸，快食粥，暖暖身子。"林呖从丈夫怀中接过婴儿。她高兴得不知说什么才好。她知道丈夫死里逃生，那滋味、那苦处，一言难尽哪，"天寒，阿金，快给你叔装粥，吃后再谈。"

"且慢，娘，你快拿酒来！"

"哦。"奶奶匆匆走往门旮旯，沽了一碗香喷喷的糯米酒，小心翼翼地递给儿子。

麦阿记用手指抹了抹幼子的小脸蛋，笑吟吟道："乖，喝酒，爸爸喂你酒，你长大了就赚钱敬爸爸酒。"

那婴儿见爸爸笑哈哈的，也跟着咧开嫩红的小嘴。麦阿记兀自把食指伸进碗里，蘸了香酒，便支进小儿的嘴里去。因酒味辛辣，小儿眉头一皱，"哇"地哭了。麦阿记又哈哈大笑道："哭你妈的，以后浮酒瘾，别吵我要酒呢！"

"别闹啦，阿记，快食粥。"说完，奶奶已把一碗香喷喷的稀粥捧过来，碗里放一块咸带鱼，"先吃一口暖肚子。"又回头对阿金道："阿金，你烧火，奶奶煮两个鸡蛋给你叔食过运。"

阿记坐在桌子边,紧挨着林呖,边吃边笑眯眯地端详着婴儿:哟,脸蛋比阿庆长,鼻子大,双眉有力,眼睛没阿庆圆活,但也亮晶晶的。"别看醉了眼。自己生的,还会差池?快吃。"林呖娇嗔着。

"阿记,"奶奶接嘴问,"全船人都回来了吗?妈祖保佑!"

麦阿记把那块咸鱼骨吐在桌面上,擦了擦嘴:"我们在水上漂了十多天,全船十三人都饿昏了,幸得雷州驶来一艘'家眷船'。听说是妈祖娘娘托梦叫他们来救的。他们走了六时辰,在外零丁洋上发现了我们,便把我们救了。不然,我们早就进鱼腹了,今日哪能相见?"

上学第一天

☆☆☆☆☆

一晃,阿得长高了,长得与他同龄的孩子要高半个头。他闹着阿爸阿妈让他读书。

那年9月,天井里那株桂花树盛开了。在一个早晨,麦贤得背着书包,跟着大哥麦贤庆上学去。

阿得在汫北小学念书,教室设在一个旧祠堂里面。那时兴破除迷信,祖公的神位、先贤的金身塑像都在封建迷信之列,于是被清出去了。村子里购置了学生桌椅,挂上黑板,挂上一小块四方的白底黑字招牌——便成小学了。解放后,这里毕业了五届学生,等到麦贤得已是第六届了。

班主任姓魏,三十多岁,戴着镍制黑色近视眼镜,瘦高个子,一口山里的凤凰乡口音。饶平一中毕业后到韩山师院专攻教书的,毕业后就随所愿从山区到汫洲湾当教师。他教学很认真。

开学了,第一堂就是编号入座。麦贤得人长得比其他同学高半个头,于是就与一个与他长得一样高的女孩阿凤同一桌,最后排正中。

阿得感觉不是滋味。自己从来没跟女孩子一起玩过,以后天天要跟她坐在一起，肩挨肩的，连呼哧呼哧的喘气声也听得一清二楚的。他憋了半天，觉得脊背似有无数的蚂蚁在爬动，一会儿便觉得汗水涔涔的。他忍不住了，便遵照老师教导的那样举起右手：“老师我要发言。”

魏老师耸耸那瘦削的肩膀，脸上毫无表情，"同意，讲来！"

"老师，我不能坐。"麦贤得满脸通红，汗水在脸上淌。

"椅子坏吗？"魏老师不解地问。

"不，是，是……我要与男同学同桌。"

全班哈哈地大笑。

"静！"魏老师伸出那只干枯的右手，用粉笔在黑板上端端正正写上"封建"两个字，同时加上三个大大的感叹号。

魏老师念着："fēng jiàn，意思就是说，男女授受不亲，这是封建思想，新中国提倡男女平等，平起平坐，互谦互让，这是美德和国粹，应该从现在入学就培养。以后，谁也不能像麦贤得同学一样，提这个落后的字眼。"

小朋友们都懂事地点点头。

麦贤得觉得自己不对，便不敢声张了。但两人身材都大，椅子短，桌子短，一不小心，就碰上对方的手或肩膀。

下课了，麦贤得趁老师没在场，便悄悄地用尺子、铅笔在桌面上和椅子上隐隐地画了一条直线，绷着脸道："阿凤，以后我们各自当心，谁也不能越过这道线，越过，就惩罚谁。我可是说话算数的。"

阿凤见这同学怪，认真得有点冷酷，便气着答应了。但心内不服气道：长年累月，你能做到我也一定能做到！

下午，不知阿凤是否中午在家开蚝太劳累，一上课，被大门外清爽的海风一吹，只见她两手托着腮帮，打起瞌睡了，一瞌一瞌，手越张越开，竟越过这"三八线"。阿得手高高举起就要劈下去，但见台上魏老师的眼镜片一亮，似乎眼光飞过来了，便忍了忍，见魏老师眼睛转往黑板去，便用尖尖的指甲，像大蟹螯一样，蜇了她的小手，阿凤痛醒了，狠狠白了他一眼。

"有言在先，我有言在先！小惩罚，小意思。"

"好，小仇容易报！"阿凤小声叽咕着，她也不是省油的灯。

这一切，都处于地下状态，没影响课堂秩序，或许魏老师没发现，故平安无事。

"啊！"忽然一声惊叫，只见前排阿沙毛偷偷揪住前面那圆脸女同学的长辫上的一缕头发，那圆脸杀猪般痛叫起来。

全班又哈哈地大笑。

"谁？"魏老师脸变黑了，愤愤问。

"后排有人拔我的头发。"圆脸红着脸羞羞道。

"麦朝平，站起来。"魏老师怒发冲冠。

"老师，我发言。不是朝平！"后排一声高叫。

全班的同学觉得惊奇：哪有这么一个不怕得罪人的同学？

"麦贤得同学，你做得对！"老师当即表扬，"是谁，你讲。"

"是阿沙毛！"

同学们一听，又笑了。因为同学都用书名报名上学的，谁也不知道谁叫阿沙毛，哪个沙毛？

"阿沙毛是谁？"

麦贤得便用手指着坐在他前排的理着平头的沙毛。

"啊，麦森！"老师走过来，"好哇，你破坏课堂秩序，站圈！"

老师把阿沙毛带上讲台的一边，用粉笔在地面上画了一个直径半尺长的圆圈，阿沙毛就站在圈里，像唐僧师父画圈给孙悟空一样神圣的，半步不能动，一站就到下课。

魏老师又用粉笔在板报上写了五个字："麦贤得好样！"他大力表扬了麦贤得疾恶如仇、敢于与不良现象作斗争的大无畏的革命精神。

下课后，阿凤气不消，悄悄道："阿得，你可要注意，以后捏我，我也要嚷出声的。"

阿得一听，额上青筋涨浮："我不怕，这跟阿沙毛不同，我们画线，男女平等，我又没占过你的线。我占过你的，任你罚，我绝不叫痛！"

阿凤也觉得贤得不无道理，无计。

新的一天，麦贤得上午挨批评，下午受表扬，便成为班内的新闻人物：知名度大大提高了。老师对他有了良好的印象，同学们觉得这位长得高大的同学既可敬又可怕。

走出教室大门，阿得碰上沙毛。

"沙毛，我们到书店去。"

沙毛嘟着嘴，不理阿得。

"沙毛，刚才是你错，不是我错。"阿得解释着。

"我错！你不讲，老师哪会知道！"

"算啦，我们到书店去，我身上有钱，买一本图书补偿你。"

沙毛一听阿得要出钱买图书给他，气便消了："走，买什么图书？"

"老师下午不是讲《董存瑞炸碉堡》吗？老师说书店有图书。"

沙毛一听，高兴地跟着阿得往古巷街书店走去。

果真，书店里什么图书都有。架子正中摆着许多《董存瑞炸碉堡》图书，阿得拣过一本看。咦，真英雄呢！只见封面上那个董存瑞穿着威武的军装，背着冲锋枪，钢筋般的右手高高举起，顶住一包炸药，导火线正在冒着烟，背后碉堡里的敌人惊恐得哭爹叫娘……麦贤得佩服极了。他掏钱一口气买了两本，一本给沙毛,一本自己装进书包,便哼着童歌,蹦蹦跳跳回家去。

刚踏进门,奶奶便问:"阿得,这么晚才回来?"

"我去买图书。"阿得不理睬还在做饭的奶奶,搬张小凳,坐在天井上,全神贯注地看图书,看到高兴时"嘻嘻"笑,看到气愤时就用手指头戳着敌人的脑袋,骂着"坏蛋"。他似乎还觉得不解气,便从书包里拿了一根上午刚削好的铅笔,不知画着什么。

不一会儿,阿庆也背着书包回来了。

"阿得,你在看什么?"

"我在看'董存瑞'。"

"你怎有的?"

"我跟沙毛从书店买的呢。"

"借我看一看。"阿庆便向阿得借。翻了翻,只见那些敌人的脑袋一个个被阿得用铅笔打了个"×"。那敌人军官的脑袋还被他用小手挖了个洞。

"阿得,这是新书,你乱画乱扯的。"阿庆批评道。

"他们是坏人,我恨他们!"

说话间,林呖已挑着货担回来了,放下货担,便问:"你们兄弟在说些什么?"

阿庆道:"阿得把一本新书画得花花的,有的还挖了洞。"

林呖拿过来一看,又好气又好笑道:"你要画他挖他们怎的?"

"他们是坏人,我恨他们!"阿得翘着小嘴,一本正经道。

阿庆以兄长的口吻教导道:"阿得,天下的图书多呢,你看一本乱画一本,挖一本,这不是浪费钱,又挖坏图书么?这些书还可借给阿蜞他们看,你挖了,人家看不清楚,多浪费。我们恨敌人,应恨在心里,长大了,我们也跟董存瑞一样,去当兵,去打敌人,才真正出气呢。我们从小就要不怕苦,多干活,长大当兵才能像董存瑞叔叔一样坚强,一样英勇呢!"阿庆毕竟是五年级的少先队员,说起话来跟老师讲的一样,通情达理。

△ 麦贤得和他的母亲在故居

阿得一听，懂事地点点头。

"阿庆、阿得，你们还在叽咕什么，吃饭啦！海风大，菜冷了。"奶奶在屋里唤道。

赶小海去

★★★★★

自从跟着大哥抓章鱼后，阿得捕鱼更有瘾了。以后，每逢星期天，他便和沙毛一起跟着大哥他们赶小海，捕鱼。

隔年，由于弟妹多，家庭负担重，阿庆便弃学上钩钓船当学徒了。

那只小蚝船，便成为阿得的用武之地。一到星期天，他便组织一群小伙计，组成一支小小的捕鱼队，在海面滚打。

一次，鱼篓不慎丢落在海里了。回家时被阿妈臭骂了一顿。要捕鱼，没鱼篓怎行？要买，阿妈说没钱。

这一下，阿得急坏了。他急中生智，想起几天前，在泊船的港湾见到大人们丢下许多从韩江里运来的捆杉排竹篾片，他灵机一动，便顶着晌午烈日，一声不响地跑往港湾去。真高兴呀，那些长长青青的竹片还丢在杉堆的一角，他欣喜地捡起来，捆成一把，扛上肩回家去。

这海边的夏日晌午，海风虽大，但日头很毒，沙滩的热气又升腾上来，烤得他小脸红扑扑的，像小关公一样。

"阿得，从哪里背回这竹片？要干吗？"奶奶又气又怜，"天太热了，迟些去不行？你就这样，做什么都不管刮风下雨日晒的，中暑了，你才知道！"

阿得也不吱声，用面巾擦了汗，就到隔壁阿蜞家借了一只篓子，放在膝盖上面转，从左到右，从上到下，横竖数着篾片，便拿了一张小纸片，用铅笔记着。

"二哥，吃饭啦。"三弟阿有牵着阿妹的小手，来催二哥吃饭。

"去去去！"阿得烦了，"别扰我，滚一边去！"

"阿有，别烦他，你们先吃。我在锅里给他暖着就是了，别惹肉痛。"奶奶就是依着阿得的犟脾气。

一会儿，阿有、阿妹吃饱了。奶奶心痛阿得，说:"有什么事，吃饭后才想嘛。"

"对对对。"只见阿得大腿一拍，"奶奶，奶奶，我想出来了!"

"阿得，你想什么出来着？"奶奶问。

阿得也不说话，粗粗吃了两碗稀粥，两个大番薯，便拿出砍柴刀，搬张凳子坐下去，一条一条的，把那竹片削得光光滑滑，大小一样，然后，便编起来。

"啊，你在干什么？"奶奶觉得十分奇怪。

"我在编篓子。"

"你会编篓子？"

"我会，我一定会编成一个篓子的。"

"谁教你的？"

……

奶奶见他不应她，既惊奇，又高兴：这娃若能编出篓子，那才怪呢!

奶奶细瞧：哈，真的，篓底已像模像样了，真的……

阿得憋得满头大汗，见背后有声响，回头一望，是奶奶，又烦了:"去去去，别烦我!"

奶奶含笑走进房去，但又搬张凳子，坐在门边瞧这怪孙子。

真的，篓子编到半腰了，但她觉得与买的篓子不一样，直筒的，像猪笼。阿得也觉得怪了，停下手，右手托着腮帮，思索着……

"阿得，阿得，"门口传来沙毛的唤声，"阿得，长福叔要出海网泊啦。""走。"阿得一听，便把半截子篓子背上背，跟沙毛冲出门去。走到门口，两个邻居小姑娘便笑了:"哎唷，阿得带着猪笼捕鱼，嘻嘻!"麦贤得一听，脸倏地红红的，冲着沙毛道:"不去不去。"他二话不说，又掉转头，走回家里，蹲在天井里，苦苦思索，思索……

沙毛跟着回来，见阿得那样子，便劝道:"阿得，编不成就算啦，向你妈要钱买。"

"滚!"阿得发怒了，"多管闲事!"沙毛一听，扫兴地走了。

"唉!"奶奶也为他焦急。但只见他，在那篓子脖子中间剪断几道篾片，又编上去，不一会儿，便收口了，前后只两个多时辰的工夫。那篓子就编好了。只见他左端详，右端详，与阿蜞的比了比，便高兴地跳起来:"奶奶，好了，好了!"

奶奶心内甜如蜜，一切她都看在眼里。真的，这娃就有活窍!

傍晚，林呖回来了。阿得已出门玩去。她见天井上放着一只新篓子，便问:"娘，阿得哪有钱买篓子？"

奶奶把高兴的心情藏在心底里，故意说:"不知道，会不会是向哪个小伙伴借的呢。"

"这鬼仔，想什么就一定要什么，乞丐身皇帝命的!"林呖骂着，便放下担，拿起那篓子，瞧了半响：见结实倒是结实，只是粗了点，口子收得太宽些，手艺还不错呢。林呖便问:"娘,多少钱一个?"

"咯咯——"奶奶笑了,"阿呖,你说你儿子怪不怪!这是他自己编的啊!"

"什么?你说什么?"

"你儿子自己编的!"奶奶说道。

"啊——"林呖几乎不相信自己的耳朵,这十岁的娃,没拜师学艺,竟会编这种连一般竹篾师傅也为难的篓子!

林呖对这倔强而聪明的儿子,真的从心底里萌发了更深的母爱!

哗啦,哗啦!一阵阵海浪声传来——涨潮了!

阿得用劲地把打蚝船划到东面浅湾,拴好船儿,便带着沙毛和阿蜞走向沙滩。

细沙微微的海滩,踩上去像踩棉花一样舒服,每踩一下,一股快感便油然而生。其实有人讲,踩沙滩比踩棉花还快活。棉花是软绵绵的,而细沙却令赤脚的你,感到脚底像有无数小动物在轻轻地滑动,不痛不痒令你滑溜溜痒乎乎的。

阿得三人赤着小脚,在细沙上面飞跑,一直朝长福叔他们的大网跑去。在他们跑过的沙滩上面,留下杂七杂八的小小脚印,像坦荡荡的夜空中银河里那杂乱的小星星。

"收网啰!"只听长福叔高声叫着。

退潮了!长福叔在西边,秋生在东边,一边还有几个大人,一段一段地收着大网。西边水浅,但礁石较多,阿得他们知道那里小虾小鱼多,便直朝长福叔那边跑去。

渔村人"闸网泊"有规矩:海滩平时是公共的,谁先撒网,网闸住的范围内的鱼就归撒网的捕掠。退潮时,网主人有的收网,有的捕掠网底和网边的鱼。当过兵的说这是"第一梯队",即大鱼好鱼让撒网的主人先捕掠去,而被网拦在浅滩边的小鱼小虾和沉底鱼,如淡甲、娘媛、赤纱、白弦、尖头、黄齑仔,这些就由没撒网的小孩子们或没能耐置船撒网的人收拾。也称为"第二梯队"的人摸捉。

阿得他们就算"第二梯队",是近月来才挤进来的第二梯队的"新队员"。但他们眼尖手快,所以往往抓的小鱼不比别的"老队员"少。阿得这人却也公道。船是阿得家的,他力气又比沙毛和阿蜞大,手脚灵活,抓的鱼比他们多。但每次分胜利果实时,阿得都平均分配。在阿得来说,他认为反正三人一个样,水涨船浮,只要沙毛、阿蜞愿意跟他出海,每星期天都能抓到许多鱼,家里是够吃的。

"哎呀,阿得,鞋底鱼,鞋底鱼!"软脚蜞踩上一条鞋底鱼,高声叫着。阿得把刚刚抓到的赤蟹塞进篓子去,便涉水过去,双手迅猛地在水里抓鞋底鱼。不一会儿,抓了几条,两人笑哈哈的。

沙毛握着一把带柄的小鱼网斗,跟着长福叔他们的屁股打着网。一网提起来,有小虾、小蟹,还有许多小娘媛鱼,在网里跳着。沙毛高兴得直嚷:"阿得快来,鱼多!"阿得急忙在背上拔出小鱼网斗,直冲过去。他们正网得过瘾,忽听阿蜞那边一声惊叫:"哎呀,阿得,救命啊——"

阿得慌忙望去,只见阿蜞不知怎的摸往深港去,人已没进海里,剩下半个头。他不会泅水,不好!阿得和沙毛慌忙奔了过去。

阿得人高,跑在前面;沙毛跑在后面。阿蜞已沉入海里了,在水中拼命挣扎着。阿得干脆甩开大腿跑,忽觉脚底一阵急痛。不好了!被牡蛎壳扎伤了。痛得阿得头发麻,但他咬紧牙关,加快速度。水深了,他便张开双手、双脚用力一踢,泅了过去,把在挣扎中的阿蜞一把抱了过来。一会儿,沙毛也追上来了。两人把阿蜞扶上沙滩。

阿蜞"哇哇"地吐了几口海水,眼睛翻动了——没事。

而阿得觉得右脚底剧痛,坐下一瞧:啊,二寸多长的口子!鲜血直喷。沙毛一见,慌了:"阿得,你受伤!"

"别嚷!"阿得不慌不忙掏出手巾,用力扎紧。便笑笑道:"沙毛,别告诉我妈。分鱼。"

他们把篓子里的鱼倒了出来,分成三堆,像小山般。以前分鱼是抽签的,这次,阿得道:"阿蜞今天落水,慰劳他,让他先挑。"

回到家里,大人还没回来,阿得觉得右脚底剧痛,像刀剐肉一般。他站起来扶着墙根,找了银针和白线,又扶着墙坐在门槛上,眯着眼睛把线穿进针眼,便把自己的皮肉当成衣服,一针一针地缝起来。

啊,真痛啊!没打麻针,那缝衣线比医生的肉丝线大且粗,一丝连一丝,这娃!

阿得额头的汗黄豆大,一针一针地像往心头扎的一样,但他心内暗暗下决心:坚持,这小小的伤口痛得都受不了,往后能当什么兵?董存瑞此时好像看他缝伤口呢!

大门口货担一晃,林呖回家了。

"阿得,你在干什么?"阿妈见他满头大汗,弯着腰在缝针线,"你又在学缝衣服么?"

"不",阿得缝了最后一针,打了个结。

林呖放下货担一瞧,门槛上一摊鲜血。天啊,儿子受伤了,在缝自己的伤口!

林呖心痛得轻轻用巴掌拍着阿得的脑瓜。这犟牛啊!

林呖慌忙往门扇角找来一瓶浸泡蜈蚣的船油,拔开瓶盖,哗的一声就淋在儿子的脚底。

隔日,阿得觉得伤口便不太痛。星期天,便觉得伤处软软了,就溜往海里去。伤口被海水一浸,真比酒精还效验,只觉一阵剧痛。没几天,就脱痂了。

参军入伍

★★★★

　　清晨，海滨的太阳出得特别早。比山里的太阳要出得早而且圆，光线也明亮得多，这或许是没有大山和树林遮挡的缘故吧。

　　今早，汧洲湾海面的太阳喷薄而出，把后头山的练兵场照得暖烘烘的。

　　练兵场上，传来了一阵阵威武雄壮的刺杀声。

　　"国民党从沿海来——"

　　"杀！"

　　"美帝国主义从天空来——"

　　"杀！"

　　……

　　透过那蓊翠苍绿的柳树、松树，练兵场上排列着一百多名精神抖擞的民兵战士。他们一个个头戴铁盔，腰束武装带，穿着整洁的草绿色军装，威风凛凛地在操场上训练，一百多张脸庞都布满了密密麻麻的晶莹的汗珠。

　　带队的是一个人民解放军战士，全副武装。灿烂阳光迎面照射，他手中锋利的刺刀闪闪发光。帽檐上那闪烁的五星和领章，更使他平添了几分英俊之气。麦贤得羡慕得心里发痒了：今年，我18岁了，不管怎么说，我一定要像阿富兄一样，当一名光荣的解放军战士！

　　麦东富参加全军实战训练获了奖。这解放军的排长就是不同凡响！两天的训练，民兵们真是得益匪浅，从单兵战术基础动作、匍匐前进、侧身前进、低姿前进训练就与平时不一样。麦东富还生动地向民兵们介绍了部队的训练情况和一个月前在惠来抓到一股武装特务的故事，不能不说是对全体民兵的战备教育，大家的情绪空前高涨。就拿麦贤得来说，昨天，在青山下进行匍匐训练时，手脚被山石碰破皮了，血流如注，但他包扎后仍坚持训练。还有许多民兵都坚持轻伤不下火线，都是动真格的。

　　"同志们，"民兵营长麦长福兴奋道，"大家两天的训练都很好，麦排长的高标准严要求，让我们学到平时学不到的东西，大家鼓掌表示感谢。"

"啪，啪，啪……"一百多名民兵用力鼓掌，掌声如雷。

"同志们，阿富探家明天就要回部队了，你们有什么不懂的，操练结束后，也可单独请教请教他。最后，请麦排长临别赠言。"

身材魁梧的麦东富又走上讲台，步履是那么的矫健。他刷的一声向民兵们行了一个军礼。

"同志们，大家是好样的。我真料不到，仅两天的工夫，同志们就进步那么快，我们洴北民兵营，不愧是县里数一数二的先进的硬骨头民兵营。同志们，目前全国正处于紧张的战备状态，我们人民解放军和广大民兵都一个样，要发扬'一不怕苦，二不怕死'的革命精神，狠下功夫练好杀敌本领，随时准备消灭敢于入侵的敌人……"

"啪，啪，啪……"大家又是狠劲地鼓掌，掌声响彻云霄，把几只贪睡恋窠的海鸥，惊得扑棱棱地飞向山外去。

操练结束后，大家纷纷围住麦东富，争先恐后地问这问那，尤其一群年轻活泼的女民兵，更是吱吱喳喳地问个不停。

明天就要入伍了，麦贤得忙得不亦乐乎——四处向亲朋告辞。

日色将晚，他回到家里。

这天，阿爸阿妈都没出门去，全家高高兴兴地吃了甜粿丸，谈笑风生。

掌灯时分，听知喜讯的四邻和亲戚朋友们都纷纷来送行了。

天井里，摆上了古老的工夫茶具，还有甜茶和糖果。麦贤妹负责煽风炉，麦贤有负责冲茶，麦贤得边迎来送往，边递糖粒，欣喜之声充满整个大院。

"啊，真热闹哇，我们来迟了。"语音未落，门口已走进两个标致的姑娘。

贤得一见，原来是同学阿凤和阿云。

"欢迎，欢迎。"麦贤得连忙招呼着。

"阿得，老同学，你要光荣入伍了，我和阿云没什么相送，一人送你一本笔记本。"说着，阿凤和阿云递上那散发着香味的精致的笔记本。

麦贤得感激地接过来，只见阿凤的是粉红色塑料封面，扉面写道："前程似锦，送给同学麦贤得留念，麦赛凤赠。"又翻了阿云的，这是一本天蓝色塑皮封面的，扉页写道："友谊长存，送给麦贤得同学留念，麦素云。"

麦贤得激动地握着她俩的手，高兴道："谢谢，谢谢！"

大家坐下，茶过三巡之后，麦贤得又打趣道："阿凤，你哪天要请我这老同学吃喜糖？要是我部队住得远，不能来贺喜，你可要寄两粒杨梅糖给我哟。"

"啊，阿凤有什么喜事？"麦素云不知是明知故问，还是真的不知道，惊讶道。

"这是军事机密。"麦贤得风趣道。

"臭嘴，你别听阿得的。"阿凤红着脸争辩道。

"真的，真的，那天我二哥与阿富兄去部队，我还见凤姐与阿富兄手牵手走在一起呢。"麦贤妹一语捅破纸影膜。

"唷,原来阿凤也是地下党!"素云笑着道。

"哈哈。"大家纵声大笑着,笑声把天井中央的桂花树抖得花落满地。

这一晚,一直闹到鸡头啼。林呖怕阿得明天要赶路,催促了几次。大家余兴犹酣,又喝了几杯茶,方才恋恋地散了。

隔日,麦贤得早早就起床。收拾完毕,门外欢送的锣鼓声已"咚咚喤喤"地响起来了。

"阿得,你来。"里房林呖叫道。

阿得放下手中的旅行袋,急忙走进里房去。只见阿爸坐在靠背椅上,吧嗒吧嗒地吸着烟,俨然而慈爱地道:"阿得,你长大要出门了,阿爸也没什么话。你长福叔、你书开丈都跟你谈了,我只劝你一句话,我们是穷苦人家的儿子,出门要耐苦做事,听领导的话,事事要走在前,千万莫忘本,知道吗?"

"嗯。"麦贤得认真地点点头。

"阿得,你的脾气暴躁,出门了,遇事要忍让些,别出风头争脸面。"林呖也爱昵地叮咛着。说完,便从梳妆台旁拿了一包用红布包着的东西,塞给儿子:"放在旅行袋里,到部队后,把它扔进井里去。这是五色土。虽离乡别井的,吃上家乡的五色土,就会服水土,就不会忘记家乡养育之恩。"

麦贤得听后,鼻头一酸,眼眶潮湿了。

"阿爸,阿妈,我一定听你们的话,到部队好好干,不辜负你们养育之恩!"

"铿锵铿锵……"门外锣鼓声喧,送行的乡亲已挤满了门口。

"阿有,阿妹,送你二哥上县城去。"

"是。"阿有和阿妹早就准备了,听了阿妈的话,即时就帮着把旅行袋、书包背上背,紧紧跟上二哥。

这时,麦长福堆着笑脸,匆匆走了进来。他昨天下午到镇武装部开会,没参加民兵营欢送阿得的座谈会,这会儿赶来送行了。他道:"阿得,来,阿叔没什么送你,送你一本书,阿叔已看了。你带着,抽空看,会大大有益的。"说完,便从后裤兜掏出一本厚厚的书。

麦贤得接过来,一瞧,啊,《钢铁是怎样炼成的》!

他高兴地道:"好书好书,我四处借,就借不到。"

"阿得,"麦长福拍一拍他的肩膀,深情地道,"你到部队去,要好好干,像保尔·柯察金一样,做一个钢铁一样坚强的祖国的忠诚卫士,你爸你妈阿叔,还有我们的民兵战友们、乡亲们,时刻在盼望你的喜报呢!"

麦贤得含泪道:"叔叔,你放心,请大家放心,我一定会不让大家失望的!"

"噼噼啪啪",门口喜炮响了。"铿锵铿锵",锣鼓也跟着高打起来了。整个村子沸腾起来了。

众人拥簇着戴着大红花的麦贤得,送出弥漫着香喷喷炮烟的大门,送出小巷,送出村口,一直送往铺满金光的大道上……

锻炼！锻炼！

在虎门海校

"指导员,书还给您。我要当陆军,不要当这海军!"

"啊,为什么?"林星虎惊奇地问道。"我不会当海军,我不干海军!我要干陆军。当兵就是拿枪拿炮的,整天读这劳什子,哪天读得完?我不干!"麦贤得边说边把手中那袋书搁在指导员的办公桌上,转头就走出去。

"回来,回来,乱弹琴!"林星虎霍地站起,火了。

麦贤得被喝住了,掉转头,那双机灵的大眼睛饱含着委屈的汪汪热泪。像泄了气的皮球,慢慢地走回来。

"指导员,真的,我真的不行。我又考2分了!"说完,麦贤得那蓄在眼眶的热泪打了几个转儿便"嗒嗒"地掉了下来。

真的,这似火一样的小伙子碰上拦路虎了!自入伍后,麦贤得的一言一行、一举一动林星虎都了如指掌。新兵队列基础训练,他由于在家乡当过武装民兵,基础好,又能吃苦,成绩优异,屡屡受到中队长的表扬。训练之余,各班的种菜地里,走在最前面的、挑得最重的、干得最欢的也是他麦贤得。几天前,毗邻的村子失火,正在菜地干活的他,一个急跑,跑了2公里田畦,一头就投进火海去,干得连命都不顾,火灭了便走,隔天村干部送来感谢信,一调查才知道就是小麦之所为……这小伙子。

但是,仅仅靠这些还不行哟!当一名合格的海军战士,当一名合格的轮机兵,并不是靠救火、能种菜、能挑200斤重的泥沙就行的啊!那密如蛛网的管道,那几千颗分布在机器上的螺丝,那偌大的战舰要在碧海中穿波破浪,仅靠热情和一股蛮劲,没有牢固的文化知识,没有把知识用到实践中去,去摸索、去熟悉、去使用,战舰的发动机会开动吗?发生故障能及时地排除吗?知识,知识,来不得半点虚假,来不得半点儿戏!

林星虎凝视着眼前这铁塔般高大的战士,好似看到一股焦灼的火苗正在焚烧着他那发烫的自尊心。2分,连续三次的Vn轮机主机知识的2分,他顶不住了,要超越又底气不足。他被逼得快要发疯了。嗨,争强好胜的小伙子啊,难怪!

"小麦,"林星虎拍一拍麦贤得的肩膀,"我们到外面走一走,外面海风凉快。"

林星虎拉着麦贤得,走出宿舍,一直往海滨走去。

初夏的沙角海滩,晚风凉丝丝的,清爽宜人。

"小麦,你已来虎门三四个月了,你知道我们海军学校为什么要建在虎门吗?"

"因为这里是珠江口,濒临太平洋,便利于海上训练。"

"对了一半,"林星虎望着夜空中那闪亮的星星,意味深长地道,"因为有林则徐,中国近代史上最伟大的人物林则徐!"

"小麦,翻开中国的近代史,几乎是一部耻辱史!"指导员向他讲了鸦片战争和甲午战争的故事。

"小麦啊,令人痛心的,令人可恼的,在日本的东京上野公园,曾经留下我国人民的千古国耻!"

"什么?指导员!"麦贤得急忙问。

"在上野公园,日本为了夸张侵华战绩,污蔑中国海军,竟将俘获的'镇远'、'清远'两艘战舰的铁锚陈列于其中,锚外竖立'镇远'舰主炮炮弹90颗,并围以锚链数匝。数十年来,中国在日华侨及留学生、海军人员经过此地,莫不掩眼痛哭!直到抗日战争胜利后,经过交涉,才于1947年5月交还中国,运回上海,转到青岛呢!"

"啊,狗日本强盗,真是欺人太甚了!总有一天,我一定要冲进他们那狗公园,砸他个稀巴烂!"麦贤得气得浑身战栗起来了,几乎头上在冒火,他大气呼呼地喘着,"指导员,我错了,我不去当陆军,即使那课本是无字天书,我也要去啃、去钻,我一定要学会开战舰、学会打炮,打倒日本帝国主义,打倒世界帝国主义列强,洗清国耻,报仇雪恨!"

林星虎听后,满意地点点头。他紧紧地握住麦贤得的大手,称赞道:"好,祝你当上一名一流的人民海军战士。"

月亮出来了,如水的清辉泻落在南国的海滩上,照射在这对新老的人民海军战士身上。他俩迈着矫健的步伐走回军营。

进门,麦贤得把那袋课本一把攥入大手,便向指导员致谢,转身回宿舍去。

"慢着,"指导员招呼麦贤得坐下,"小麦,我送你一件东西。"说完,指导员便递过一本红红的小本子:"这是一本笔记本,里面有毛主席的一条语录,叫'没有文化的军队是愚蠢的军队,而愚蠢的军队是不能战胜敌人的'。小麦。以后,希望你不管碰上什么困难,要刻苦钻研,碰上什么难题,多读读毛主席的书,在毛主席的书里可找到答案。因为毛主席的著作、毛泽东思想是老一辈革命家精神财富的结晶啊！以后，要学学写日记，学会自己解决自己的思想问题，懂吗？"

麦贤得接过指导员送给自己的小红本，如获珍宝，端详了半晌，便小心翼翼地装进书包……

麦贤得离开指导员的宿舍，踏着遍地银光，望着不远处的营房，周围那挺拔的木麻黄树长得那么的刚强，尽管时而刮来强劲海风，依然像一个个刚强的铁汉般拥簇着这静谧的军营。

麦贤得这时真的有点儿瞧不起自己了："麦贤得啊麦贤得，你不是从小就立志要学陈璧娘精忠报国吗？要学董存瑞舍身卫国吗？碰上这小小的拦路虎，这三次的'2'分，这可恶的小鸭子，就战不胜，攻不破了，还当啥英雄呢，我就不信，天下有学不会的东西。自己文化基础差，指导员说'笨鸟先飞'，多向优等生请教，多读多问，就一定会的。我一定要攻克这可恶的拦路虎！"

"哎哟，麦贤得，你去太平镇卖旧书回来了。"张少勤见麦贤得乐观的样子，便挖苦他。

今天，麦贤得的机电课又得了2分。老师在课堂上公布成绩之后，麦贤得像耷拉脑袋的大公鸡一样，哭丧着脸孔，不但同桌的张少勤看见，全班的战士都看在眼里。一连三次抓到了"鸭子"的麦贤得，确实让班里的战友同情，当然也让一些瞧不惯麦贤得那好强性格的战士暗自开心。

张少勤是麦贤得的饶平同乡，又是同一班的战友，同一铺子，麦贤得睡上铺，他睡下铺。他高中毕业，论文化，全中队数他高，故业务课成绩最优。最近，学校兴"一对红"。班长就把他俩搭成一对，如何互帮，其实他们心中都有谱。麦贤得虽然文化基础较差，但人勤快，工作不分轻重，样样抢着干。班内宿舍卫生几乎是他一人包起来。大家对他都有好的评价。而张少勤有点学生兵奶油味，平时一有空就捧着一本《三国演义》读，一读就入迷。往往忘了洗澡，忘了洗衣服。一桶衣服有时一浸就两天。遇上阴雨天，弄得要换衣服都没有呢。班长常常点着他的脑门："张少勤呀张少勤，你该叫张少懒才对。"常常还要班长动手帮他洗衣服，他却傻笑道："班长，三国里尽是军事谋略。我看破了，来日你当元帅，我当你的军师。嘻！"

"少懒，你别笑我。你衣服洗么？又要等班长不？"麦贤得不服输，把一袋书高高地塞进鸭子铺。忽听"不"的一声，一本书掉到张少勤的桶子里。

"糟糕！"麦贤得急叫一声，慌忙伸手猛摸下去，幸得张少勤真的还没洗衣服，书掉在衣服上面，只是背面些许湿湿的。他连忙将书放在自己的裤子上擦了擦，便也无可奈何地摇摇头，"少懒就是少懒，你懒倒好，若是桶里没衣服，尽是清水，我的书可完了！嘻嘻！"

今天是星期天，班长和大家都去太平镇看电影了，只剩下张少勤在看《三国演义》，麦贤得急忙把课本和指导员送他的小红本放在床头上，便带了内衣裤去洗澡。洗澡后，他见张少勤在蚊帐里已看得入迷了，本来招呼他洗衣服的，但一想："算啦，我与他一对红，他有三国瘾，就让他过足瘾。我帮他洗吧。"于是，麦贤得一声不响地提起张少勤那桶衣服往门外水沟走去。

熄灯前，张少勤见自己的那桶衣服不见了，班长又刚回来。一瞧，麦贤得正在门口晾着他的衣服。张少勤不禁心内一动：啊，贤得真不错！他确是大事小事都乐于助人的好战友呐！我真不如他呀。他学习跟不上去，我就没主动帮助他。你瞧，人家是什么风格？自己枉自念了那么多书，真不如他呢！真的，自己该主动帮他一把！

熄灯预备号响了。张少勤小声对上铺的麦贤得道："阿得，你睡了吗？"

"还没有，睡不着。"麦贤得轻声答道。

"我讲个故事给你听，你要听不？"

"嗯，你讲吧。"

"从前，潮州城里有个打锣店，店主是位打锣的老掌柜。他平素不轻易动手，一切粗活都由小伙计们干。而当锣成品最后定音时，他老人家才动手。只见那锣烧得通红通红的，他拿一把铁锤，对准锣心，不轻不重，'当'的一声。就这一声，音就定了。从此，这锣一辈子就发这个'当'的声音。"

"哦，这老师傅这一手真不简单。"

"对，这叫做抓住重点，一锤定音。我们读书，也要抓住重点。我讲的就是这个道理。"

麦贤得一听，知道张少勤的用心良苦，他是用这故事来启发他。但想了想，又不服输道："少勤，我也讲一个故事给你听，你要听不？"

"嗯，你讲吧。"

"从前，有一个叫阿四的，要去学一种特异的功夫，找遍天下，都没人敢收留他。因为这阿四的功夫已很深了，一般的师傅都不如他。一天，阿四听说有个叫刘斤七的，功夫绝好，就登门求艺了。刘斤七见阿四态度谦恭，孺子可教，于是便收为徒。你道阿四求教的是何等功夫——学懒也。那晚，吃饱饭后，要入睡了，师傅说，我先睡，你熄灯火。弟子阿四却抢先钻进蚊帐里，倒头便睡。师傅火了：'你为人弟子，连熄火还要师傅亲自动手么？'阿四道：'师傅你放心入睡，我自有熄火的办法。'师傅将信将疑，刚躺下，只见阿四抓了枕头，啪的一声对着灯扔了过去，那灯盏登时粉身碎骨——灯自然也熄了。隔日，师傅躺在床上，喉咙发出沙哑的声音，对还躺着不起床的阿四道：'你毕业了，青出于蓝胜于蓝啊！'"

"哈哈！"全宿舍的人都笑了起来。

入夏之后，阳光越来越强烈了，酷热的暑气把军营团团包围。虽然海边风大，但整个世界都热得像火炉一样，吹来的风也是热的。学习的任务越来越重了。一到傍晚，战士们就躲进蚊帐里温习功课，一个个都憋得汗淋淋的，被战士们称为"炸油条"。有时候，整个屋里像一个冒烟的蒸笼，人闷在蚊帐里汗流如注，憋得满脸通红、气喘吁吁，战士们戏称为"蒸馒头"。

而麦贤得却比别人钻进蚊帐的时间要长，"笨鸟先飞"嘛。他就不信老是会抓"鸭子"。在张少勤的帮助下，他讲究了学习方法，再加上他那潜在的"硬骨头"脾气，一页一页、一句一句，

△ 麦贤得故事英文版

关键的"锣音点"在哪里,他认真地读,终于有了明显的进步。上星期考试,丢掉了鸭子,得了个"3"分。老师表扬了几句,全班都为他高兴。但他心里还憋着一口气,等着瞧吧!

功夫不负苦心人。麦贤得终于攻克"拦路虎"了,期中考试,他一举考了5分,一跃成为全班的前列。大家无不大吃一惊:这原来的"副班长"一下子转正了,哪方来的神力?

消息传到指导员那里去,指导员心想:"真的,用毛泽东思想武装起来的战士,真是聪明无比!天下没有什么难事难得倒的!"

 夜老虎

★★★★★

意想不到,麦贤得毕业后被分配到离汫洲湾不远的汕头水警区。

汕头的海面,是麦贤得最熟悉不过的。哪处有岛屿,哪处有礁石,哪处有暗礁,从闽南海面的东山湾至珠江海面相邻的汕尾湾,他几乎闭上眼睛,都能像数家珍一样数出来。不是吹牛,在麦贤得脑袋里面,每时每刻都能浮现出一幅清晰的航海图呢。

当然,麦贤得思想并不敢放松。他知道,党叫他到汕头水警区来,等着他的,是战士的重任。是的,那不远处不时传来的厦门的隆隆的炮声,时而在汕头海空,在东南沿海海空上国民党空军飞机的嘶叫声,时时刻刻震撼着他的心!

他离开家乡还不到一年,但汕头这繁华的滨海闹市竟令他有些陌生了。冬日晌午的阳光仍然是柔和的,海风依旧是凉丝丝且夹着荤腥的咸味,海滨上的老人依旧是裹着大棉袄在懒洋洋地晒太阳。而当天空中传来低沉的飞机轰鸣声时,他们却无不抬头眯着老眼仰望蓝天,担忧那狗崽子会不会在屁股后面屙蛋蛋。

"少懒,快,快去报到!"麦贤得又暴躁了,催促着一同分配到汕头的张少勤。

"报告，艇长。轮机兵麦贤得向你报告。"跨进艇长室，麦贤得便"啪"地向坐在凳子上的艇长行了个军礼。

"哦，你就是麦贤得？"艇长慢吞吞地站起来，热情地握着他的手。

"这位是——"艇长下巴一翘，指张少勤。

"他是我的同学张少勤，分配到598艇的。"

艇长会意地点点头，便招呼他们在鸭子铺上坐。

这时，麦贤得才仔细地端详艇长：长着一张白净脸皮的学生脸，脑门开阔，下巴微翘，一双慈祥而熠熠发亮的眼睛炯炯有神，但个头不高，最多不超过一米六八，约摸三十多岁。麦贤得心想：这跟他想象中的真是天壤之别。真不像艇长，倒像一个中学教师。

"小麦，欢迎你到我们艇来，你以后就是我们这艇上革命家庭的一员了。你路上辛苦，到班里报告后，今天就休整休整，明天才正式上班。"艇长的声音是慢条斯理、和蔼可亲的，真像一个大哥一样。麦贤得甚觉温暖异常。

接着，艇长便叫彭得才过来，帮麦贤得把行李包提往轮机

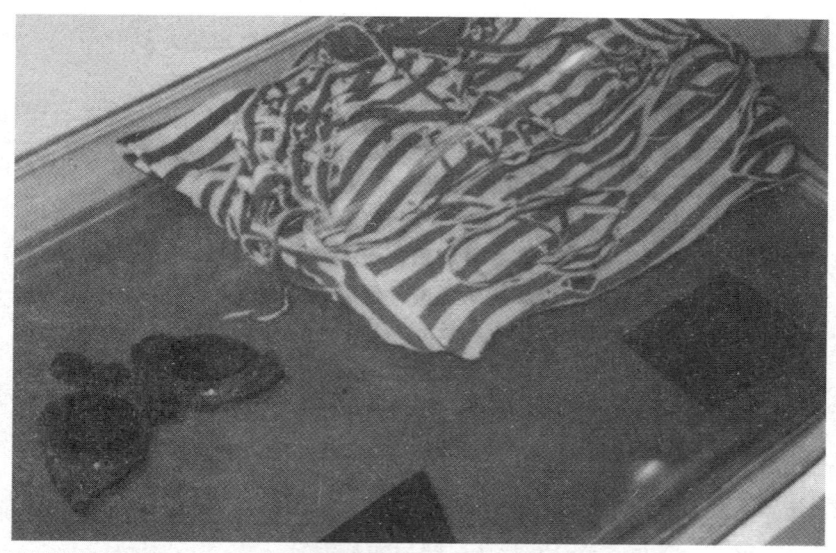

△ 麦贤得练夜战的眼镜和受伤治疗的血衣。现存于我驻港部队陈列馆

班去。

麦贤得征得艇长同意,和张少勤一道往598艇报到。

"少勤,你看我们的艇长真像一个老师。"麦贤得禁不住低声说道。

"是的,本来当艇长的,应该是威风凛凛的。其实,也不能这样讲。俗话说:人不可貌相,海不可斗量。看他那双明亮的眼睛,也闪耀着精明和英武之气。他属五短身材的人,也具有一格。三国时代有一个叫庞统的,脸如锅底,身材不足五尺,但却与孔明齐名。据说,那火烧赤壁的大胜仗就是庞统的谋略……"

"反正我就觉得他和蔼可亲,并不十分怕他……哎,别乱议论领导,这是违反纪律的。"

两人边说边走向598艇去。

海风像一个调皮的小孩子一样,把他俩帽子后面那两道长长的海魂带刮得一个劲地飞舞……

在学习"海上先锋艇"的同时,部队大搞"夜老虎"的训练。

一天,班长领回了五套黑眼镜,却没有麦贤得的份。

班长道,你们新战士没有,待以后业务熟练了才发,也就是说,睁着眼睛能熟练地操作已不错了,要闭着眼睛操作,这可不是三天两天的事。

麦贤得真扫兴。但细想,班长说得也在理,自己才上艇几个月,的确睁着眼睛操作机器还不十分熟练呢。但如果这样按部就班学下去,今年全军搞"夜老虎"训练自己不就没份了吗?要多杀敌人,要为艇争光,都变成空话!

不行,麦贤得便闷着气不开口了。从此,午休的时候,大家便再也没见到他躺在床上,星期天的时候,人们逛街去,也没见到他出去。

他究竟在干什么呢?原来,他蹲进机舱里了,拿着书本在轮机舱里一个螺丝一个螺丝、一个接口一个接口……一丝不苟地揣摸着。出航了,他便紧紧盯住班长和老兵的双手,看着他们如何操作,渐渐地,他的操纵水平不声不响地提高了。

一天午休时,他又在机舱里摸索着,忽见工具箱里有一个眼镜,便惊喜地拿了起来,一瞧,玻璃镜没了,只剩下两个黑洞洞的眼镜圈。他灵机一动,找了一张硬纸,用墨水刷成黑色的,贴了上去,便试着戴。呀,眼前一团漆黑,像黑板一样。他高兴极了,这会儿可同老兵一样进行"夜老虎"训练。

麦贤得又进入自己的"第二工程"训练。他抓紧利用"三休"时间,钻在机舱里,戴着自制的墨镜,摸索着。

盛夏的太阳毒热,机舱里热气腾腾的。为了不浪费电,他没开风扇,浑身冒着大汗,自己对自己增加训练强度,一直揣摸着。他把机舱里的几百条管道、几千颗螺丝都摸得滚瓜烂熟了。

一天,军事长杨映松对轮机班道:"同志们,今天,老战士搞'夜老虎'比赛,比赛在无照明条件下转换油柜的动作。新战士观赏学习。"

只见军事长第一个上来，戴上闭光墨镜，三下两下就把油柜换了。一计时只有 30 分钟。接着，班长黄理省也照样操作着，全过程也只有 34 分钟。

接着，大家跟着操作，但谁也未能超过军事长。"军事长，我也算一个！"麦贤得戴上自制的纸眼镜霍地站了起来。

"哎呀，小麦，算啦，这可要长时间训练才行。你才上艇几个月？别闹笑话！"军事长笑着拦道。

"不，让我试试。"麦贤得固执道。

"算啦，军事长，就让他试一下吧！"班长黄理省帮着求情道。

军事长见班长也为他说话了，就同意道："好，就让你试一下。"

只见麦贤得熟练地移动脚步，准确地摸上去，一弯腰，就轻快地把那空油柜拆开移到一边，接着，又机灵地把那装满油的柜子安进去，顺手摸住放在一边的扳手，熟练地摸着拧紧螺丝……

全过程，只有 31 分钟，居军事长之后，获第二名。

啪啪啪，大家高兴地鼓掌。

大家心里道：这小子看来不简单，是哪天往茅山学法的？

只有班长黄理省心中有数，小麦这一个多月"三休"时间干的是什么，能蒙过他那深眼窝里的眼睛？

接着，又比赛准备启动副机的动作了。

大家又戴着闭光眼镜，进入行列。

比赛结果：班长黄理省 44 秒钟，麦贤得竟 43 秒钟，麦贤得第一名！

军事长杨映松高兴得大嘴半天合不拢，称赞道："小伙子，有出息！"

艇长崔福俊听了军事长的汇报后，心想：这小子，有一股子蛮劲，好好培养，是一个好兵！

八·六海战

→ 出 发

★★★★★

　　同日 20 时 10 分。

　　百合婶家。

　　"阿得,你这么长时间没来做客,出海去?"百合婶一边把冒着滚沫的药罐盖揭开,一边问坐在沙发喝茶的麦贤得。

　　"嗯,我们远航了。"麦贤得把一杯香喷喷的清茶喝下去,随口答道。

　　其实,他们这次远航,是到厦门交接我国自行制造的高速护卫艇的。这种艇速度快,装备好,比老艇强得多。这一去二十多天,前天才回汕头。但这是军事秘密,他当然不能告诉百合婶。

　　"阿得,你今年多少岁了?是不是属鸡的?"百合婶问。

　　"是,属鸡的,刚二十虚岁呢。"

　　"哎哟,那年纪不轻了,你妈给你找对象没有,或者你自己……"

　　"阿婶,你别乱讲,我年纪还轻呢,还没干出半点成绩,别谈这些。"麦贤得一听,满脸通红。

　　"阿得,你就不懂了,其实年轻人谈对象,谈好的,双方会互相鼓励,互相支持,也不见得就会影响什么。"百合婶是过来人,她知道男女的奥妙。

　　"嗤嗤……"煤炉上的药罐汤水冒出来了。百合婶慌忙跑过去,把煤炉盖关上,回头又道:"阿得,你不是跟素云同学吗,她也未……"

　　忽然,半墙上喇叭的声音高了几度,女播音员清晰而嘹亮的声音把情意绵绵的潮州轻音乐《画眉跳架》打断了:"刘海,你家中有急事,请快速回家!刘海,你家中有急事,请快速回家!……"

　　"百合婶,艇上有事,我走了。"麦贤得边说,边把放桌子上的海军帽戴上,飞奔出门而去。

阿婶高声嚷道："阿得，药，凉水，你牙痛，喝后再去……"

但是，麦贤得高大的身影已消失在街道的人流之中……

麦贤得闯进南海路，直奔过那长满如茵的西洋菜洼地，一个劲地跑，直跑上码头。

"小麦，快，加水！"

他人刚上码头，班长黄理省已一眼发现，高声支唤着。

麦贤得双手拉来两只大塑料桶，扭开水龙头，便迅捷地装水。

"喂，同志，你是611艇吗？"

麦贤得转身一瞧，原来有一个陌生的海军战士站在身后，手里提着一个小包裹。

"是，你是——啊，陈文乙！好家伙，你来干啥？"

麦贤得认出站在自己跟前的是分配到海军造船厂的海校同中队同学陈文乙，便在他肩上打一拳。

"啊，麦贤得，真巧！我临时调到你艇。"陈文乙也认出是麦贤得了。

麦贤得急忙提着水，陈文乙也帮提了一桶，两人上艇见艇长。

艇长接过介绍信，见临时调入艇的战士已到位了，心中甚喜，便道："小陈，你就跟小麦到轮机班后舱，找我后舱班长罗向文。"

麦贤得便带陈文乙往机舱。

一场紧张的战前准备有条不紊地进行着。

轮机班该做的加油、加水、检查机器的工作完毕了。

黄理省便带着麦贤得、彭得才等帮着炮班扛炮弹，麦贤得力气大，一提就两箱。

"班长，接住。"麦贤得把一箱炮弹递上艇。彭得才又把一箱送进麦贤得手，一场接力赛在不声不响中展开着……

"同志们，各就各位。"艇长发出命令，5分钟后，艇长又发出命令："起锚，熄灯，全速前进！目标，云澳湾！"

指战员各就各位，战艇飞速地前进。

海面上，不夜城汕头市那万家灯火，马路上的霓虹灯，高楼上的太阳灯的光线远远照射过来，投入那蔚蓝的大海。海面上，碧波粼粼，光影闪烁。

我战艇编队，关闭灯火，箭也似的穿波破浪，直往东南方向的云澳湾而去。

战艇上气氛十分沉重。

战士们都知道今晚或许要动真格的。

麦贤得也一样，他一边全神贯注地操纵着轮机，一边瞟一眼身边的班长。但是，全艇熄灯开进，根本瞧不见班长的身影。机器的轰鸣声震耳欲聋。他不知道，班长此时的心里想的是什么。

麦贤得此时的头脑，却掠出一个念头，不知是真打还是假打？自从上艇七八个月来,这种出海待机作战之事,几乎一个月就有数次,有时,明明要打上了,狡猾的敌舰又一溜烟跑了,便虚动一场。但是,他凭上艇积累的经验揣摸,今晚可不一样。今晚,大队参谋长亲自上艇,还临时调来这么多士兵加强,再则,孔副司令也亲自上指挥艇,舰队首长明确具体地指示……看来,是要真打的了!

麦贤得不禁心头一热:阿得啊阿得,你盼望的机会来了,为家乡受害的亲人报仇雪恨的机会来了,为祖国争光,为人民争光的机会来了!

战艇,像愤怒的战马,驰骋在波涛汹涌的海面上。

 战火烧红东山岛以东海域

☆☆☆☆☆

同日20时50分。

东山岛以东海面,"剑门号"。

"喂,陈明德,你这白兰地在哪儿弄的?味道倒是不错。"国民党海军上士茹英如把半瓶金奖白兰地一饮而尽,频频地夸把此美酒"进贡"给他的二等兵陈明德。

"上士,这酒可来之不易。"台湾籍的二等兵陈明德听了上士的夸奖,也像自己喝了白兰地一样痛快,扬扬自得,"这是我8个月前在'章江号'时,到东山渔船里弄来的。哈,我们拦住他妈的大陆三艘渔船,几人冲上去,搜罗了半天,才抢得三瓶这正宗的白兰地,我分了一瓶,一直没喝,留下来奉敬你老的。"

"哈哈,够兄弟,够兄弟!"茹英如张开那大嘴巴,露出一口暴兀且发黄的牙齿,快活地狂笑着。

"喂,别乱嚷嚷,舰长来了。"中士梁可能把两根指头竖在长满胡子的嘴边,慌忙对上士道。

"喂,大家可要留意,快到南澳海面了,不能吸烟。谁乱来,我可要扭掉他的脑袋喽!"舰长王蕴山在黑暗中发出那破铜锣的声音。虽然机器轰鸣,但在甲板上他们还依稀听得见。

王蕴山转悠了一圈，便回到他的舰长室。

"王舰长，有情况吗？"少将胡嘉恒斜躺在铺上松软的褥垫床上，有意无意地大口大口地吸着"三五"烟，把空调房里搞得乌烟瘴气的。

"司令，海面一切平静。"中校舰长小心翼翼报告道。他知道，这次出击，是老头子亲自点将要他的上司、海军第二巡防舰队司令胡嘉恒压阵的，可知此行责任的重大。

"王舰长，可要小心观察啰。关键就在这一小时内，如果把那人送上陆去，我们就大功告成了。"胡嘉恒把剩下的烟头塞进桌面上的烟缸，狠狠一拧，那发亮的火点便灭了。他心内开始自得了：刚要出发时，老头子还专门电示，这是执行他老头子亲自部署的特种任务，只能成功，不能失败！实际他老人家把我胡嘉恒看扁了，这"剑门号"，美国"巨嘴鸟"，干这么桩小事，真是大象载牛娃，还怕丢落地？何况我这十几年的海上经验！他又对自己此行的部署十分得意：为了稳扎稳打，他还特意点将他的小舅子李准少校任舰长的"章江号"为僚舰。今晨出发，两舰全部停止使用通信和声呐设备。真灵，他妈的共军你那神通广大的雷达便变成一堆废铁了。不是么，跑到你的鼻子底下，你还在睡大觉呢。他又对自己选择出发的日期十分自得：这一着，你共军也始料不及的。我先派一艘小艇虚张声势在海面游弋，搞得你们的战舰连他妈的八一也在海上喝西北风，等你们精疲力竭之后，我便优哉游哉地出击。哈哈，你们这时或许在加菜、在看电影、在猜令行拳、在搞你们他妈的文娱晚会……哈哈，你们上当了……真是天时、地利、人和均被我胡某占有。这次行动，还不是十拿九稳的！

"喂，王舰长，往南澳方向开去，110分钟后，开动一切通信设备，准备放小舢送人……"

△ 美制蒋舰"剑门号"和"章江号"

"是……"

同日 20 时 30 分。

北京中南海西花厅。周恩来总理办公室。

"喂，是，我是恩来。"

"您好，总理。向您报告紧急情况。"电话筒里传来总参谋长罗瑞卿那沉稳的声音。

"你讲……"周恩来浓眉一耸。

"总理，南海舰队发来紧急报告，国民党当局派出美制'巨嘴鸟''剑门号'和'章江号'猎潜舰，今晨隐蔽着从台湾左营港出击，往我们东山和南澳海面袭来……"

"哦，出洞了，你们总参的意见？"

"南海舰队已上报作战方案，出动汕头水警区的高速护卫艇大队的 4 艘战艇和一艘护卫舰，快艇大队的 6 艘鱼雷快艇……"

"好，给他个迎头痛击！告诉吴瑞林，既来之，就要彻底、干净把他们吃掉，给台湾当局一个严厉的教训！"

周恩来放下电话筒，沉思片刻，又拨了一个电话。

通了。

"您好，主席吗？"

"是，我是毛泽东。"

"主席，您还没睡呀。"周恩来关切地道，"主席，向您报告情况，老蒋又出兵骚扰了。"

"从哪儿来？"

"从海上来，出现在吴瑞林他们的南大门了，是美国老板刚送给他的'巨嘴鸟'和老在海面捣乱的那艘'章江号'……"

"哦，树欲静而风不止……"电话停了片刻，"喂，恩来啊，你告诉罗瑞卿他们，这回，可要给老蒋一点颜色瞧瞧啊！"

同日 22 时 35 分。

南海云澳湾。598 艇——海上先锋艇。指挥台上。

孔副司令员迎风伫立，眺望那黑魆魆的海面。虽然沉默不语，但此时的头脑比谁都高度集中，他没有幻想，没有奢望，没有半丁点儿侥幸心理。他心中只有一个目标，打个硬仗，一定要打胜，不能打败，一定要打个歼灭战，不能让敌舰溜掉。

孔照年，1940 年在山东加入八路军，那年，他仅仅 15 岁。17 岁时就当上班长，是全团最年轻的班长。之后，就擢升为排长，正、副连长和指导员，正、副营长，

△ 八·六海战前线指挥孔照年司令员和麦贤得亲切交谈

团副参谋长。在陆军，他打过许多仗，有时一天打三次，战斗中立过三次大功。战斗的实践告诉他：打仗，不管是大仗，还是小仗，情况都是经常变化的，稍有不慎，本来有希望打胜的仗，就有可能遭到失败。他于1950年调到海军后，曾担任十二年的舰艇大队长，又进海军学院学习了四年，精通海战指挥理论，加上近十年的海战实践，他深深意识到：海上打仗，情况更是千变万化，只有根据变化的情况，不失时机地采取对策，才能取胜……

"报告，孔副司令员。陆上指挥所命令我们马上出击。"主管通讯的副艇长陈运和报告：舰队司令部指示：敌舰"剑门号"、"章江号"现已改变驶进南澳方向，改往东北方向东山岛渔场，命令你部全速拦击，拦住敌舰归路！

孔照年看着还没来得及抛锚的 601、558、611 三艇。

他对身边的大队长贾廷宽命令道："命令编队，起锚！"

先锋艇长石天定传令下去："起锚，出击！"

孔副司令员指示道："命令编队跟上指挥艇！"

命令迅速传到各艇。

云澳湾里，参战的指战员心内一阵兴奋。各艇指导员急忙作战前动员。

我编队快艇、指挥艇在前，其他战舰依次在后，高速向指定海域疾驶。

6日零时 31 分，护卫艇编队到达东山岛以东海域海面会合点。

"陈运和，陈运和，鱼雷快艇情况？"孔照年问。

"陆上指挥所没指令，情况不明。目前，为防敌舰发现，都关闭了通讯联络。"

孔照年双眉紧锁：千钧一发之际，海上又不能开通发射通信设备，这回与负责主攻的鱼雷快艇不能联系了！

"指挥艇,全速向东北方向挺进!"孔照年咬了咬牙,决心带领护卫艇全力以赴,迎敌痛杀。

零时42分。

"报告,我艇雷达发现东南方向38海里处,有敌艇两艘向我开进。"陈副艇长又报告道。

"轰隆隆!隆隆隆!"忽然敌舰发现我艇目标,向我编队开炮了。他们仗着其火炮射程远,向我编队猛烈射击了。接着一串照明弹,把海面照得一片通亮。

官兵们都望着孔照年。

"不理它!"孔照年命令贾廷宽,"命令各艇,右满舵,包抄前进,切断敌舰退路!"

我护卫艇编队仍然高速接敌。

60链,50链……

敌我双方距离迅速缩短着。

"准备射击!"孔副司令员命令。

"咚!咚!咚!"

"谁在打炮?怎么没有命令就打炮!"孔照年严厉追问。

是口令没有传到枪炮手,还是枪炮兵听错了口令?一时弄不清楚。当敌我双方接近40链时,后面的三艘炮艇盲目开炮还击,指挥艇也跟着盲目打起来。

"停止射击!"孔照年严厉命令。

炮声停了。

可是,当我编队距离敌舰10链时,后面的601艇前主炮又自行射击,接着,除指挥艇外,其他两艇以为编队指挥员下命令射击,又跟着打起来,形成了我编队第二次盲目射击。

孔照年火了。他高声喝道:

"停止射击!停止射击!"

孔照年对上级首长再三指示的近战歼敌的指导思想十分明确。他深知,只有近战夜战,才能以小胜大,置敌于死地,否则,后果不堪设想!为了保证这一指导思想的实现,他当即发出"三不准"的命令:"没有命令不准打;看不清目标不准打;瞄不准不准打。"命令传达后,各艇指挥员马上进行动员,稳定了情绪,这使指战员更加明确近战歼敌的思想。

6日1时20分。

福建东山岛海域东南方向约28海里处。

敌我双方的距离迅速地接近。

两艘敌舰的轮廓已经显露出来了。

敌舰高高的桅杆竖立在海面上。敌舰一边向我们炮击,一边向东南方向窜去。

决不能让他们溜了,决不能让他们溜了!这是我全体指战员发自心底的呼声。

"轰隆隆,轰隆隆!"随着敌我双方距离的缩短,敌炮命中率越来越高了,我方战艇的周围,敌炮弹不时落下,水柱掀天。

"咣!"忽然一发炮弹击中我指挥艇上的指挥台护板,在艇长石天定的脚下穿过。

不行,这样的正面追击,我艇目标大,易被击中。

"孔副司令员,是否改变为反炮火机动曲线运动?"

伫立在一旁的孔照年凝思片刻:对呀,当年陆战冲杀,前方炮火密集时就是曲线前进的,须避开敌人正面的密集火力!

"行,命令各艇,紧跟指挥艇,曲线30度,左右曲线运动追击!"

这一下好了!石天定指挥着1号艇,根据敌人打来炮弹的散布规律,进行着不规则的曲线运动:一会儿从右25度到左20度,一会儿又从左25度至右20度,后续三艇紧紧跟住。

距离越来越近了。

"咣!咣!"

敌舰的20毫米炮开始向我方发射。

"各艇射击!"孔照年对着话筒,大手一挥,大声命令道。

"各炮射击!"几乎同时,各艇艇长下达了命令。

我方的炮弹在空中呼啸,冒着火舌飞向敌舰。

两艘敌舰一边放炮,一边拼命地向外海逃窜,旗舰"剑门号"在前,"章江号"在后,中间拉开了一段距离。

"火速挺进,切断两舰联系,穿插分割。消灭后面敌舰!"孔照年抓住战机,命令道。

"海上先锋艇"高高地昂起艇首,像一把巨斧,从"剑门号"和"章江号"两舰中间砍了过去。紧接着,后面三艇也砍了过去。

这四把"巨斧"锐不可当,一个急转往西,一个急转往东,敌舰编队被冲散了。

天空一片漆黑,两艘敌舰像两团黑糊糊的怪物,哪是"章江号",哪是"剑门号",一时难以辨别清楚。

"报告,孔副司令员,正前方是'剑门号'!"这是前主炮上的先锋艇指导员徐寿祺的声音。

孔照年睁眼细看,对,"剑门号",那家伙正一边还击,一边东逃!

按上级指示,应该先打大的,后打小的。可是眼前,"剑门号"已逃窜了,抛下后面的僚舰"章江号"。

机不可失!孔照年果断地放弃了原定先打"剑门号"的方案,命令编队咬住"章江号"不放。

这时,四艇编队集中火力,一齐猛烈地向"章江号"开火。

仇恨的炮弹,带着烈焰,愤怒地飞往敌舰……

6日2时15分。

601艇。

艇长吴广维站在指挥台上,跟班实习的北海舰队护卫艇副中队长王瑞昌跟随在一侧。

自离开汕头军港之后,601艇紧紧跟着指挥艇。

此时,敌我双方的距离仅在二百多米之间,艇上的前炮、中炮、后炮一齐发射,对准"章江号"轰了过去。尤其是中炮,命中率极高,吴广维心内称赞道:张六华,带那几个小伢子,倒是好样子!

中炮班长叫张六华,带了三个上艇不到一年的新战士,名叫单继友、单国存,还有六个月前由距离手改成瞄准手的高占才。战斗一开始,这三个小伙子非常机警,个个像是蛮有经验的海上猎手。战斗打响之后,张六华打右炮,高占才打左炮。敌人的炮弹从头顶呼啸地掠过。单国存迅速地供上炮弹,高占才还击心切,一脚踩下击发装置,打了好几个连发。炮弹拖着亮尾巴,在敌舰的周围猛烈地爆炸。张六华一瞧,马上命令道:"打点射,注意节省弹药。"说话间,战舰绕到敌舰左舷,距离敌舰更近了。这是右炮发挥威力的好机会。张六华急忙瞄准,"轰!轰!轰!"连珠炮直发射过去,直打得敌舰后甲板起火。

"好,打得好!打得好!"吴广维大手狠狠地砸着扶手。

忽然,冒着猛烈炮火的后炮蓦然无声了。吴广维心内甚纳闷。

后炮在猛烈轰击之时,忽然飞来一块弹片,击中后炮炮长姜宜资的臀部,一阵剧痛,他高大的身躯一颤,大手便按住瞄准手小黄的肩膀,小黄回头一瞧,只见炮长倚立着,喘着大气。小黄停住射击,慌张道:"炮长,你挂彩了?"

姜宜资为了稳住大家的情绪，答道："没有！"他咬咬牙，又挺立起来，不让战友发现自己受伤，一步跨上了左炮的战位，双手一下托起了沉重的弹夹，咔嚓一声，把炮弹装进炮膛，拉开大嗓门喊道："打，给我狠狠地打！"

"轰！轰！轰！"后炮的炮弹又飞射敌舰。

艇长吴广维见后炮又开火了，脸上漾起舒心的笑意。

"咣！"忽然一颗炮弹飞来，落在指挥台上爆炸。弹片飞射进吴广维的头部，吴广维一蹬便栽倒下去。口中还喊道："打！打！打……"

"老吴！老吴！"王瑞昌慌忙地把他扶住，只觉得他头部血流如注，渐渐失去知觉了。王瑞昌摸着他的鼻孔——没气了！王瑞昌心头一阵剧痛，马上放下吴广维的尸体，毅然地登上指挥台，接过吴广维手中的话筒，凛然地喊道："同志们，吴艇长牺牲了！现在，由我代理艇长，注意我的口令，为艇长报仇，狠狠地打！"

愤怒的炮弹夹着仇恨的火焰，连连地击落在敌人军舰上。

"为艇长报仇，为艇长报仇！"

601艇，仇恨的怒火熊熊燃烧着！

2时10分。

"海上先锋艇"。

"章江号"在我编队强大的打击下，火力被压下去了。

但是，孔照年此时又惦挂着鱼雷快艇，马上问身边的王锦："王参谋长，快了解一下鱼雷快艇的情况。"

战斗打响了，鱼雷快艇恢复了通讯联络。

不一会儿，王锦报告道："孔副司令员，鱼雷快艇联系上了，他们报告说，鱼雷已发射完毕，返航了。"

孔照年又问："161号舰呢？"王锦答道："还没联系上。"

鱼雷没击中目标返航了，161猎潜舰由于航速太慢掉队了。显然，歼灭"章江号"的重担全部落在他们这些护卫艇编队身上了。

力量的对比是悬殊的，优势还在敌方。"章江号"原系美国海军猎潜队PC1232号，1954年6月移交给台湾海军，满载排水量450吨，最大航速20海里/小时。舰上装备有762毫米炮一门、40毫米炮一门、25毫米炮五门、762火箭（组）一座，深水炸弹投射器四座，声呐、雷达各一部。而我们每只战艇，只有37毫米的前后炮各一座，25毫米的左右中炮各一座，四艘战艇加起来的火力还不及"章江号"。按惯例，护卫艇的能力只能摧毁战舰甲板上面的设施和官兵，而能否击沉整艘战舰还没先例呢。

显然，要打沉敌舰，可不是简单的事！但是，目前已骑上虎身，一定要把老虎打死，不然，就会被老虎吞掉！

孔照年也深深意识到，我们艇小、灵活、炮小近距离优势强，只有充分发挥近战的优势，集中兵力，还是完全能歼灭敌舰的！

他立即传令下来，快速逼近敌舰，加强进攻。

四艘战艇又单纵队排开，边发炮边向敌舰逼近。但由于冲击速度太快，又冲过了"章江号"，只得被迫暂停射击。

"章江号"见我们停止射击，又挣扎起来，企图逃脱。我编队调整部署，重新占领有利阵位，组成相应梯队，减速与"章江号"同向移动，集中火力打它的甲板舰面和水线附近。

霎时，"章江号"便落入我强大的火力网之中，舰四周的水柱飞溅长空。

 三小时——惊天地而泣鬼神

2时15分。

611艇。

艇长崔福俊，军衫袖管被弹片刈裂了，头发被炮火烧得发卷。他伫立在指挥台上，望着被我炮火包围着的"章江号"。这时，"章江号"舰前舰后掀起了一道道数米高的水柱，弹片撞在甲板上，听到"叮叮当当"的响声。

敌舰拼命挣扎，利用火力向我编队拼命开火。敌我炮火交织在一起，满天的炮火曳光把附近的海面照得通亮。

我编队又直逼敌舰，越逼近，敌舰大炮的射击死角就越大，难以发挥威力。在火光中，只见敌舰甲板上被炸得乱成一团。敌舰官兵吓得失魂落魄，有的离开炮台，有的跳下甲板，抱头鼠窜，真像热锅上的蚂蚁。

敌舰长李准见势不妙，指挥着庞大的"章江号"横冲直撞，不时地发射着炮火，加速向我编队冲来，企图撞沉我战艇，撞乱我队形，摆脱我编队的围歼，夺路逃跑。

我们的护卫艇体积小，灵活性大，不断地调整艇位和变换战斗队形，喷射着密集的炮火，紧咬住敌舰不放，弄得敌舰大炮打不上，要逃脱又不成，难以招架。

"咣！咣！"两颗飞弹射来，击中我艇甲板上，弹片纷飞。

"报告，艇长，机电军事长杨映松中弹牺牲了！"机电兵彭得才微颤的声音。

崔福俊心头一阵疼痛：多好的军事长啊，这轮机舱，一半战士是新组成的，军事长牺牲了，轮机舱力量减弱了！

"机舱情况怎样？"

"情况不明。"

因为进入紧张炮击之后，彭得才就调为送弹手了。没进机舱。

"咣！咣！咣！"又三颗飞弹击中611艇，一发击中驾驶台，两发击中机舱。

"哎哟！"一声痛叫，航海兵陈炳仁一头栽倒下去了。

"小钟，马上接替！"崔福俊大声命令着。

"是。"另一航海兵小钟急忙跃进驾驶室。

一个战士同时上前抱过陈炳仁，紧张地包扎着。

这时，崔福俊感觉大腿刺痛，知道负伤了。但是，此时他感觉到机舱机器的轰鸣声减弱了，便咬咬牙对身边的副指导员周桂全道：

"副指导员，你到机舱里，看发生什么情况。"

"是。"周桂全一个转身便钻进机舱去。

崔福俊抬头见敌舰拼命要逃脱了，便命令小钟："快，全速开进！"

"不好！机舱里主机停转了，马力不足。"小钟颤声道。

天啊！机舱中弹了，这千钧一发之际！时间一秒一秒地过去了，眼见敌舰渐渐地逃离，崔福俊下唇咬得发白。

"好了，"小钟惊喜道，"艇长，主机修复了，马力足了！"崔福俊一阵欣喜，下令道："全速追击！"

611艇像一只雄鹰，直扑向"章江号"。

100米，80米，50米，20米……

"同志们，狠狠地打！"

这时，我前、中、后三主炮，几乎不用瞄准了，猛烈地向敌舰发射着阵阵炮弹，真可谓弹弹无虚发。

经过三个回合的周旋交火，敌舰上中了不少炮弹，可说弹洞遍布，伤痕累累。这时，打红了眼的敌舰长李准要拼命了，他吼着下令："双车进四，右满舵！"这时，"章江号"像只被围困受重伤的疯狗一样——狗急跳墙了！只见它突然加速，向我编队中间冲来。

不好！只见在左前边的指挥艇快捷地转舵避开。

601艇、558艇也分别向两旁转舵紧急躲避。

说时迟，那时快，611艇的崔福俊急令："左扳舵！"

话音刚落，611艇咯噔一个左转，与"章江号"擦身而过。

这时，611艇的艇体和敌舰处于平行状态。我艇前后甲板上的三门火炮恰好处于最佳射击角度。

崔福俊瞅准这一难逢的有利战机，果断地下令："减速！朝敌舰指挥台打！狠狠地打！"

瞬间，三门火炮的炮弹连珠般射向敌舰。

霎时，敌舰指挥台上腾起了滚滚烟火。

哈，"章江号"的指挥台坍了！

敌舰一片混乱。中弹的敌舰官兵哭爹叫娘……

崔福俊见状，心内无比兴奋，高声嚷道："打得好，打得好！"深谙轮机常识的崔福俊，此时内心对他的轮机班真是十二分地赞许，但又十二分地牵挂：刚才马力骤然的大幅度减弱，说明机舱里四部主机中最少有两部被炸坏了，停转了！是谁能在短暂的时间里排除故障，让它迅速地启动呢？

崔艇长啊崔艇长，你可知道，此时你的轮机班舱里，刚才的两颗炮弹穿进艇板，在舱里炸响了！你的轮机战士几乎都倒在血泊之中，曾受过你多次赞许的轮机兵麦贤得，此时脑部受重伤，一块弹片插进脑颅，脑脊液溢流，正以钢铁般的意志从昏迷中挣扎起来，一步一步地从后机舱爬往前机舱，穿过一个正常人也难以逾越的舱洞，在黑暗中拧紧了一颗松动的油阀螺丝，用身子硬硬地顶住移位了的波箱，逼使损坏了的推进器复原，保证了战艇高速地前进……

2时05分。

611艇轮机舱。

机舱里，伸手不见五指。机器的轰鸣声强烈地震荡着。

"轰隆！"一个飞弹打来，约摸落在甲板上。后机舱的一部主机停转了。一会儿还没发动起来。前机舱班长黄理省觉得不对劲，后机舱班长罗向文和轮机兵陈文乙都是战前临时上艇的，他和麦贤得从厦门归来，已摸索20多天了。不行！

机器轰鸣声太响了，不能用语言传达命令。黄理省张开大手，拉了身边的麦贤得一把，麦贤得凑近他身边，他拉起手电筒，射了射后机舱。

机灵的麦贤得会意了：哦，后机舱机器的轰鸣声减弱了，经验告诉他，一部主机停转了，班长要他过去帮忙。

自战斗打响之后，麦贤得神经处于高度紧张状态，可说是身上每个细胞都调动起来了。炮艇上发射炮弹的一个一个震动，真使他欣喜若狂，心里道：战友们，揍，狠狠地揍！此时，他弯着腰，正全神贯注地操纵着轮机，他心里暗暗向自己下着指令：贤得啊贤得，等了20年的机会终于来了，这就是硬仗，就是痛击美国佬、痛击国民党的硬仗，你要好好地管住机器，让它安全地运转，保证战友们全力开火，把敌舰葬进大海里。战斗半个多钟头了，他始终未移步一下，牢牢地稳把操纵台。

这回，后机舱主机发生故障了。他接受了班长的命令，握着手电筒摸了过去。

从前机舱往后机舱，要穿过一个仅有40厘米宽、60厘米高的椭圆形舱洞。

他猫着腰，钻过去。

他射过手电筒，只见后舱班长罗向文正在弯着腰紧张地排除故障。

麦贤得赶忙摸了过去。

"轰！轰！"忽然，两颗飞弹穿过机舱，一发落在前机舱，一发落在后机舱。

两声巨响，弹片四溅。

罗向文身子一震，便一头栽倒下去了。

麦贤得觉得头部一阵剧痛，像一团火红的烙铁穿进头颅一样，疼痛无比。他觉得天旋地转，整个战艇像高速旋转的星球一样，他全身无力地倒下去……

"不好！"陈文乙大喝一声。但声音却被轰鸣的机器声淹没下去了。

陈文乙急忙扶起罗向文，从身边摸过一个急救包，拆开，一口咬住绷带，一手迅速用急救包裹住罗向文血流如注的脑袋，然后把罗向文安放在艇板上。

他又转身扶起麦贤得，又拿起一个急救包。

忽然，机舱口一道光线一闪，只见副指导员周桂全沿着舷梯下来了。

陈文乙急忙举起手电筒照射过去。

副指导员发现了，急忙摸了过来。他接过陈文乙手中的急救包，三下两下就把急救包解开。

副指导员摸着麦贤得的头颅，感觉手掌湿淋淋的。鲜血，如注的鲜血啊！他把急救包贴住麦贤得那被炸开的前额的大口子，不禁一阵心酸，眼睛模糊了。

这时，副指导员觉得麦贤得已有些僵硬的身体一个强烈的抖动。嘴里不能发出声音，腿却要用劲站立，但又站不起来。他又用右手推着副指导员，左手吃力地指着那停转的主机。

副指导员明白了：小麦的意思是要他不理他麦贤得，现在最要紧的是照管好机器啊！

多好的战士啊，生命垂危的时候，把自己的生死存亡置之度外，却要让包扎自己的战友丢下自己，去照管机器，维修机器，保证战斗的胜利！

副指导员把麦贤得搂得更紧了，激动地道："小麦，要听话，要服从命令！"

当然，麦贤得是听不到副指导员的声音的，恐怕凭着本能感觉到副指导员搂紧他的意思，便顺从地让他包扎了。

副指导员轻轻地把小麦放在艇板上，拉了一件军衣把他轻轻地盖住。他见陈文乙已在紧张地维修停转的主机，便钻过舱洞，往前机舱去。

黑洞洞的天空太广漠了，太深邃了。浓云层层叠叠。越飞腾越高，越飞腾越高……这是什么神力呢？丝丝缕缕的白云拥簇着他，有一只大鹰强硬的巨爪搭在他右额角上，他觉得额角时而刺痛时而麻木……

好像是在洴洲湾的皇姑潭上空，不是大鹰，好像是那顽皮的海鸥蹬在他的头颅上，随着他飞上缥缈的云际间，恣情升腾的浓云把他推上九天之上。静谧的天空是多么神奇，什么都没有，只有浓云，有黑褐色的、玫瑰色的、像琥珀一样晶莹发亮的……没有星星，没有明月，也没有银河，一切都是阴晦的云彩的世界。

他又觉得那可怜的离开故土的海鸥伤心地离他而去了，他的脑袋在没有休止地扩大着。开初像自己孩提时自编的捕鱼的篓子一样，渐渐地又扩展着，像海中的粼粼波纹一样，无休止地扩展。啊，这时竟像阿妈晒鱼干的簸箕般大……无边无际了，头脑与天空的云絮融合在一起，身子在云端上浮动……

依稀中，轰隆隆的声音传进他的耳鼓。

是春雷么？是家乡的春雷么？记得童年的时候，春雷滚滚，他赤着小脚要与沙毛一道跟着大哥赶小海去。妈妈拦住道："阿得，暴雨要来了，待过云雨之后，才出门，别淋坏身体。你不是老吵着长大要当解放军嘛，当解放军可要有好身子骨哪。"对了，他听阿妈的话，躲进屋里避雨去了。乌云被南风卷跑了，雨过天晴了。他同沙毛一道，欢天喜地追逐着大哥赶小海去……

轰隆隆，依稀中又一阵春雷传来。不是春雷，是炮声！是青山上的炮声么？他好像觉得自己当上民兵了，在青山上练习发炮。民兵营长麦长福手把手地教他。一发"轰！"又一发"轰！"一连五发都打中目标了！营长高兴地拍着他的肩膀："阿得，好样的，以后参加解放军了，就这样狠狠地打敌人。"

轰隆隆，轰隆隆！炮声似乎更强烈了。啊，不是，不是春雷，不是青山练兵场的炮声！而是自己在虎口镇看电影，看《甲午风云》。啊，大清战舰与日本兵舰队打起来了！哎哟，我舰中弹了，

042

水兵们冒死反击。啊，轰隆，我"致远号"中弹受伤，管带邓世昌下令开足马力，全速冲撞日舰，与敌舰同归于尽。啊，多英勇的邓世昌……

　　轰隆隆，轰隆隆……不是，不是，一切都不是！他感到艇板上随着炮声一阵一阵地颤动。这不是自己的611艇吗？这是611艇，这是战斗中的611艇！

　　麦贤得头又一阵激痛，脊背、额头冒出大颗大颗的汗珠，他清醒了！

　　机器好么？战友好么？

　　他觉得眼皮十分沉重，他用劲睁开，但却老是睁不开，像一只巨手死死地往下拉一样。是什么粘住了？哦，一道黏糊糊的东西流淌进他的嘴角，他咕噜一吞，咸湿湿的，啊，鲜血，自己受伤了！

　　又一阵疼痛。他要张口喊班长，啊，不对，自己不是被班长支唤到后机舱吗？后机舱的一部主机停转了。是的，自己此时此刻就在后机舱！

　　他侧耳细听，哟，机器的轰鸣声似乎没有正常的时候响亮，那主机一定停转了。他艰难地伸手一摸，啊，这是一条大腿！啊，谁躺在自己身边？陈文乙？罗班长？啊，他们也受伤了！

　　主机不能停，主机不能停，机器一停转，战艇就不能挺进，战友们就不能奋勇向前杀敌人！

　　麦贤得一个用力，支撑起自己高大的身体，他踉跄着站起来了，坚强地挺立起来了！

　　一双大手把他抱住，又硬把他安放在艇板上。

　　那双大手又离去了。

　　他张口要叫，要喊，但却喊不出声。

　　不行，我不能躺，我不能倒下去！

　　他依稀中又觉得前机舱的轰鸣声也似乎减弱了，莫非刚才的炮弹也把前机舱的机器打坏了？我的战斗岗位就在前机舱，我要回到我心爱的操纵台上！

　　他又一个用力，双手把笨重的身躯支撑起来。他摸着，一步一步地摸着往前舱去……

　　他摇晃着，一头便栽倒下去。他再也无力站起来了，他用双手爬，一步、两步……每爬一步，他就感到颅内一阵钻痛，浑身的毛孔就渗出淋淋汗水，揪心痛！但他心内只有一个目标——我的战斗岗位——操纵台，操纵台！一直往舱洞爬去……

　　啊，眼前是狭窄的艇舱门了！他知道，只有40厘米宽，60厘米高，他人太高大了。此时他又觉得自己的脑袋不断地膨胀起来。啊，像大斗一样大，不，像家乡阿妈晒鱼干的簸箕一样大，而且无休止地膨胀着……他这么大的脑袋哪能钻过这狭小的舱洞？

　　他身体猛地一个踉跄，又一头摔倒下去了。浑身的汗水湿透了衣服，鲜血和汗水掺和在一起，身上的血腥味再一次把他刺激了——他又似乎清醒了许多，他双手紧紧抓住艇板,一颤一颤地爬起来。但是,他浑身乏力了,一咯噔又跌坐下去。

这时,他脑际中好似浮现出毛泽东主席那亲切的声音:"……我们这个军队具有一往无前的精神,他要压倒一切敌人,而决不被敌人所压服。不论在任何艰难困苦的场合,只要还有一个人,这个人就要继续战斗下去。"

是的,这点伤算得了什么呢?老指导员陈春喜膝盖受伤了,爬着从一个战位到另一个战位,喊着口号鼓舞大家战斗;航海兵厥金水肠子被打得流出来了,还坚持战斗。我不外是脑部受了点伤,没什么了不起,坚持……坚持……

顿时,麦贤得浑身增添了无穷的力量,感觉脑袋似乎渐渐地收缩了……

他一用力,便站立起来,一个趔趄,站稳了,坚强地爬过了舱洞……

机器在哪里呢?班长在哪里?

"班长,班长!"他高声呼喊着。

但是,没有声音。他口中不能发出声音!

班长在哪里呢?

贤得哟,你的班长,黄理省班长,刚才也身负重伤了!就是刚才,那可恶的炮弹,一颗击中后舱,一颗击中前舱了。班长他身上扎进72块弹片,身上受伤72处啊!此时此刻,他昏迷在机器旁边。两部主机停转了。周副指导员和战友陈文乙正在紧张地为他包扎呢。此时此刻,我611艇正与敌"章江号"处于白刃近战之中,主机停了,马力减弱了,"章江号"在拼命逃跑,艇长崔福俊下唇咬出鲜血来了——轮机班啊轮机班,你们怎么了?主机怎么了?崔艇长和甲板上指战员的心揪紧了!

这一切,麦贤得他哪会知道呢?

他眼前的天空一片漆黑。主机的轰鸣声减弱了,班长没了,在他熟悉的亲切的操纵台上,他再也摸不着班长那矮墩墩的身子了。他肩膀再也没有班长那刚劲的大手拍来了!

机器不能停,机器不能停!他依稀中觉得这减弱的机器轰鸣声,定是气阀或油阀的螺丝松动了,不是漏气就是漏油!

他紧紧地咬着牙关,弯着腰,一颗螺丝一颗螺丝,一个阀门一个阀门,一条管道一条管道……他仔细地摸着。

多么熟悉啊!他原来戴着那破眼镜,天空不也这么漆黑么?

也是伸手不见五指的。而今,摸起来,哪颗螺丝安在哪个位置;哪个阀门在哪个位置上;哪条管道连接哪部机器,有啥作用;是紧固呢,是松动呢? 管道会不会破裂? 他那双手,就像两部万能的探伤仪一样,从左向右,探了过去……

他摸着摸着。

时间一刻一刻地过去了,是血流得太多了吧? 是打进前额的弹片把他折磨得太久了吧? 他的脚步虚浮了,动作迟钝了。但是,他的心像火炉一样滚热,他的意志像钢铁一样坚强,他不愿让自己倒下去。机器不正常运转,他就要摸下去,一直把障碍寻找出来……看吧! 他居然能在几十条管道、千百颗螺丝里,检查出一颗拇指大的被震松了的油阀螺丝! 他居然能够找着扳手,用力拼命地拧,紧紧地把螺丝拧紧……

隆隆隆,机器终于强而有力地运转着……

啊,真像干旱得爆裂的秧田传来了嗒嗒的及时雨,真像干涸的鱼池传来哗哗的高山流水,真像那干渴的喉咙里淌进那香喷喷的柠檬酸,真像那饿得发慌的婴儿吸进母亲那鲜嫩的流着乳液的乳头,甜蜜的乳汁丝丝地流淌进那幼小的咽喉去……多么痛快啊!

他要高喊,他要呼叫! 但是他拼尽全力也不能发出声音……

但是,他觉得这轰鸣声不沉实,像脱离了负载而空转的浮虚的声音,不对,制动器坏了,发动机的马力不能发挥推动战艇的作用。他双手摸了过去,啊! 波箱移位了,他咬紧牙关,猛地一扑,整个身子扑在波箱上,双手狠狠压住杠杆——战艇前进了!

时间一秒一秒地飞去,依稀中他好似听到甲板上传来一阵阵轰轰轰的炮声! 他心内一阵兴奋,会心地笑了……此时一双大手又紧紧把他抱住,硬把他按在艇板上,一件衣服轻轻地盖在他的身上。

依稀中好像有一个亲切而和蔼的声音:

"小麦,好样的,敌舰被我们打沉了,你好好休息吧!"

啊,是崔艇长的声音,是崔艇长!

一会儿,他又觉得好像机舱里剩下他一人了。

此时,他头脑疼得欲裂。好像脑袋里那块烙铁嗖嗖地往里面钻。他气喘吁吁,痛得汗毛都倒竖起来。

啊,他真的要死了么?

战场上,战火中,战士战死是常事。能把自己鲜血染在共和国的旗帜上,他死而无悔! 但是,他还有许多事情没做哟,他年纪轻轻的,为党为人民的贡献太小了,仅仅打了这一仗,就死去了,真太惋惜了! 他多么希望能继续活下去,能干出成绩,为共和国增添更多的光彩……是的,他还有一个宏愿,这也是他从幼年就确立在心底里的宏愿:长大了要当一名英勇的人民解放军战士,当人民英雄,到北京见毛主席呢。他还依稀记起来，自己8岁的时候，从古巷街书店买了一张毛主席照片，恭恭敬敬地贴在饭桌上面的灰墙上，每天望着毛主席那慈祥的脸庞，就下了决心，长大了，一定要干出成绩，到北京见毛主席……啊，这回，可不行了，自己将要死去了，自己的宏愿不能实现了……

他一阵昏眩，感觉天旋地转……

轰轰轰！好似又有炮声传来。

他蓦地又爬起来，这回他无力撑起笨重的身子，他直往自己那熟悉的操纵台爬去，爬去，爬去……

又一双大手把他紧紧地抱住，又把他安放在艇板上。

敌舰真的是被打沉了吗？

他要问身边的战友，但是不能开口。他恨，恨敌人罪恶的炮弹，把他打得不能张开眼睛了！你这可恨的炮弹啊，宁可让你打断我的双腿，打断我的双臂，留住我的双眼，我死也要瞧着你们这罪恶的战舰葬身于大海之中！他伸出右手，竖上两根指头。

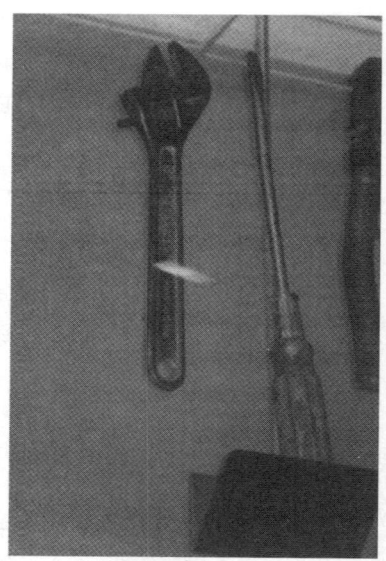
△ 麦贤得受重伤抢修战艇轮机的工具，现存于我驻港部队陈列馆

依稀中耳边响起战友陈文乙的声音："是的，被我们打沉了！"

麦贤得一听，心头一阵兴奋：我们终于胜利了，我们终于胜利了！贤得啊，你要是真的死了，也就够本了！

他觉得头脑一个震痛，幻觉中自己的大脑好像一口发焦的黑锅。

他昏迷了过去……

舷窗外，一缕晨光暖暖地照射在他那苍白而坚毅的脸庞上。

哗！哗！哗！白浪依然一个劲地拍打着战艇……

3时33分。

611艇。

崔福俊和艇上官兵们见到"章江号"燃起了熊熊烈火，接着两声巨响，便沉进海底去了，真是无比的高兴。

"胜利了！胜利了！我们胜利了！"大家欢呼着，都激动得泪花闪闪——我们终于用小小的护卫艇击沉了这庞大的美国造的猎潜舰，这在世界海战史上恐怕也是罕见的啊！

由于兴奋，大家一时把战斗的疲劳、伤痛感一扫而光。

这时，副指导员周桂全神色沉重地走上指挥台，声音低沉地向崔福俊报告道："艇长，轮机舱损伤严重，两部主机伤损停转，轮机班伤亡严重，仅剩下一名机电兵，前后舱班长和战士麦贤得都负重伤，轮机舱完了！"

啊，四部主机仅剩下两部运转，前后舱轮机班仅剩下一名轮机兵，伤亡太严重了！

在指挥台上的大队参谋长王云鉴听后，也意识到情况十分严峻，对崔福俊道："崔艇长，马上把情况向上级报告。"

"是。"崔福俊马上指示报务员向孔副司令报告。

"李业务长，李业务长。"王参谋长又呼喊着大队机电业务长李光宗。

片刻，李光宗从后面走来。

"李业务长，你马上往机舱去，全力以赴排除故障，保证机器正常运转。"王参谋长果断地命令道。李光宗是大队机电业务长，业务精通，关键时刻，非他亲临不可！

"是！"话音刚落，李光宗那瘦削高挑的身影就消失在艇舱中。

崔福俊心头如压上一块大石，机舱究竟损伤到何种程度？能不能修复？如果不能修复，别说继续战斗，连要行驶这一百多海里回港去也是十分困难的。

"参谋长，我到机舱去看一看？"崔福俊征询王参谋长的意见。

"一起去！"王参谋长说道。

"周副指导员，你就别离开指挥台，我到机舱里看一下就上来。"

崔福俊交代了一下，就同王参谋长往轮机舱去。

王参谋长走在前面，直往前机舱走去。崔福俊便往后机舱去。

说实在的，轮机舱机器的严重损伤，使崔福俊的心一下子悬了起来，加上那可爱的轮机战士那垂危的生命，更使他心头七上八下的。

他照着手电筒，仔细地观察着机舱，不禁大吃一惊，轮机舱里，空无一人！只见两部主机剩下一部在发动着，另一部已经停转了。他用手电筒扫射过去。那部停转的主机旁边躺着一个受伤的战士。这是谁？他走了过去，低头一看：啊，是后舱轮机班长罗向文。他一喘一喘地躺在机旁，头部上扎着白色的绷布，那绷布已被鲜血染红了半边。他一阵心痛，用手轻轻地摸着他的额角，觉得湿漉漉的，只见他嘴唇一阵蠕动，好像说着什么。一部主机已修复了，但机器的轰鸣声太响了，把罗向文那蠕动中传出来的轻微声音淹没了。崔艇长轻轻地把盖在他身上而被他挣扎开去的军衣盖好，向他深情地点点头，就走往前舱去。

他边走边想，后舱为什么没人呢？罗向文受伤了，陈文乙应该坚守在这里呢。莫非前舱的情况更糟，陈文乙跑往前舱应急去了？

他加快脚步,一弯腰,钻过舱洞。

前舱一片忙碌,一部主机停转了。参谋长和李光宗已亲自动手抢修停转的机器。

发电机坏了,眼下连最微弱的指示灯也没有了,机舱里一片漆黑。只能用手电筒照射着机器进行操作。后舱的机电兵陈文乙一手拿着手电筒,一手递着工具,当业务长的助手。

班长黄理省呢?崔福俊用手电筒扫了过去。啊,黄理省已变成另外一个人了,他在机舱的一角,头部包扎着绷布,身上、腿上几乎全身的衣服都被炸得支离破碎,身上布满了小洞洞,浑身血淋淋的。他猛地跑了过去,摸着他的鼻头,觉得还有气儿,悬起的心又放下去。他情不自禁地拉住黄理省的大手,紧紧地握着,他感到黄理省手一个微微的颤动,眼角便流出两滴泪水。这滚烫的泪水啊,好似告诉艇长:我还没有完成党交给的任务啊!艇长颤声道:"黄班长,你们英勇、顽强,党和人民不会忘记你们的!"

他慢慢地松开手,回过头来,手电筒又扫往另一部主机。啊,那部正在轰鸣的主机的操纵台上,站着一个高大的战士!只见他的头部也包扎着厚厚的绷带。而那绷带,已不是白色的了,整个绷布都染上了鲜血,那殷红的鲜血还渗出绷布潸潸地淌下来,落在他的脖子、额角、眼睛、鼻子……那战士的眼睛已被鲜血蒙住了。不知是被血粘住了无力睁开呢,还是眼睛也受伤了睁不开?反正,看上去,他是紧闭着眼睛。而此时,他却多么像一个根本没有受伤的正常人一样,那伤、那鲜血是在别人身上一样。你瞧,他那么认真,那么专注,那么一丝不苟,他整个身子压住波箱,双手握住杠杆……外面的世界发生的事情好像跟他没半点儿的关系……

他不是轮机兵麦贤得么?

周副指导员不是说他头部负重伤躺倒了么?

他为什么还能坚守在操纵台上?

对了,莫非是黑暗中周副指导员看错了,小麦敢情受伤不重?他深知,这小麦嘛,他就是这般脾气,平时在训练或出海巡逻、待机时,一般发生的小病小伤他都不当一回事的。曾听说麦贤得孩提的时候,脚被海底的牡蛎壳刘开了一道大口子,他自己还用针线缝呢。何况在这激战中,一般的擦破脑皮的小伤要让他躺下去,除非你用18股船索把他捆起来呢!

他走过去，轻轻地拍着他的肩膀，高声嚷道："小麦，你受伤重么？休息一会吧！"

这小麦，真的听不见了。

是的，机器轰鸣声太响了，怪刺耳的，他一定是听不见了。

他又拍拍他的肩膀。

但是，小麦仍然没反应，还照常那么全神贯注坚守在自己的心爱的岗位上。

他无可奈何地摇摇头，走到陈文乙身边，拍一下陈文乙的肩膀。

陈文乙猛地回头，一见是艇长，真像出门遇到麻烦或委屈的孩子，回到家里见到慈母一样，心头一酸，眼泪涌了出来：

"艇长，罗班长、黄班长都受伤了，麦贤得也受伤了，两部主机停转了！"

崔艇长点了点头，道："小陈，一切我都知道了。你们很勇敢，很顽强！"接着，他又道："小陈，麦贤得伤势不重吗？"

"很重，重伤，伤在头部，炸成一个洞，现在躺在后舱呢。他好几次要爬起来，都被我按下去。现在好像昏迷过去啦。"

崔福俊把手电筒照向麦贤得把守的操纵台上。

啊！陈文乙一看，那不是麦贤得？！他不是坚守在他的战斗岗位上吗？

这……这麦贤得明明头部被弹片炸开了一个大洞，有水杯那么大，明明是他和副指导员一起包扎的，血是喷出来的，扶他躺下去时，他几乎身体已僵硬了。他曾预感麦贤得没救了。但是，在两小时前，他还能爬起来，就觉得好生奇怪，认为他是一时神经错乱，油尽灯亮，回光返照，产生了巨大的力量之所为，把他按下去，而为什么他还能再爬起来？而且他是怎样穿过那狭小的、平时正常人要穿过也困难的舱洞呢？

"艇长，是不是你把他带过前舱的？"陈文乙惊愕地问。

艇长摇摇头。

陈文乙蓦地跑过去，一把将麦贤得抱进怀里，眼泪似泉水般涌出来：多好的战友啊，你真的要把生命豁出去？他大叫道："贤得，躺下，躺下，你负重伤了！"

崔福俊知道一切。他那平素不轻易流淌的泪水再也控制不住了，汩汩地涌出来，嗒嗒地落在艇板上。他走过去，把麦贤得紧紧地抱进怀里，用手轻轻地为他脸上擦去流淌着的鲜血，把他轻轻安放在艇板上，脱下自己身上的军衣，又轻轻地盖在他的身上。

多好的战士啊，多好的战士啊！有这样钢铁般的好战士，还有什么敌舰不能击毁，还有什么困难不能排除呢？！崔福俊啊崔福俊，你一定要振奋起来，党把这艘战艇交给你，把这群英勇而可爱的战士交给你，尽管有千难万险，你也要把这群可爱的战士带回去，安全地带回祖国和人民的怀抱中！这是党和人民给你的重托啊！你可千万不能辜负党和人民的期望啊！

崔福俊顿时头脑清醒了，整个身子好像充满了强烈的电流。他见参谋长亲自动手,同李光宗正在专注地排除故障,忽然,只见李光宗大手一个摇动,那部停转的主机又隆隆地响起来了。

他放心地爬上舷梯,跑往指挥台去……

4时40分

天临拂晓。我军指挥艇——海上先锋艇。

我护卫艇编队像三只猛虎,紧追不舍,直扑往"剑门号"。

轰!轰!离"剑门号"约60链时,敌舰突然向我方开炮。

"没有命令不准打炮!"孔照年接受打"章江号"的教训,立即命令各艇,"这道命令要传达到每一个枪炮兵。"

随着敌我双方的距离越来越接近,敌炮火的威胁越来越大,并且集中打我指挥艇。

敌舰也很清楚,打掉指挥艇,我们就会失去有效的指挥,他们才能摆脱困境。

孔照年从敌人的弹着点中,看透了敌人的阴谋。保存自己,消灭敌人。这是我军克敌制胜的原则。

他马上下了命令:"通知各艇,曲折航行,高速前进!"

指挥艇一马当先,后面战艇紧紧跟上,编队勇敢机智地进行反炮火曲线运动前进,巧妙地避开了敌人的炮火,高速接近"剑门号"5链处。

这正是我战艇发挥近战火炮威力的时候了。

"各艇还击!"

孔照年命令一下,各艇炮弹就一齐向"剑门号"倾泻。

"各艇注意,减速航行!"

各艇长都心领神会。这是吸取了刚才打"章江号"的教训,当时因航速太快,冲过了敌舰,不得不停止射击,让敌舰有喘息机会,而我方却未能组织反攻。

石天定先迅速指挥先锋艇降低航速,后面两艇也跟着降低航速,与"剑门号"平行前进。当我护卫艇编队占领并保持在有利的阵位上时,便从"剑门号"的右舷角集中火力靠近猛打,迅速压住了"剑门号"的火力。仅4分钟,"剑门号"就中弹起火。

为了不让"剑门号"有喘息的机会,艇队又连续发起攻击,把"剑门号"打得抬不起头来。

"报告,孔副司令,鱼雷快艇赶上来了,申请加入战斗。"

孔照年心内一阵兴奋:哈,铁榔头终于派上用场了!

"命令鱼雷快艇迅速投入战斗,命令各战艇全速开进敌舰前方,让出有利战位给鱼雷快艇!"

鱼雷快艇参战了!这无疑对护卫艇的指战员是一个巨大的鼓舞。

各艇长指挥着战艇，紧紧地跟上指挥艇，全速追过敌舰首，让出与敌舰并列的有利位置给铁榔头鱼雷快艇。

五艘鱼雷快艇组成的编队在鱼雷艇大队政委刘维焕、副大队长张寿瀛的率领下，以每小时42海里的速度来到了战区，加入了战斗行列。眼下，前线指挥孔照年把有利的战位腾出来给他们了。鱼雷快艇火速抢占有利阵位。

鱼雷119艇艇长许永江，驾驶着战艇像陆军战士攻打碉堡爆破手那样，步步紧迫，节节前进。其他四艇也跟着占领了"剑门号"右舷80～110度，距离2链的发射位置。

"轰隆！轰隆！"

海面上传来地动山摇的巨响，水柱、火光直冲霄汉。"剑门号"霎时变成一座火山，燃烧了一会儿，就渐渐从海面陷下去。此时只有两头翘翘的，真像一只落水的"巨嘴鸟"，剩下两只翅膀在水面上扑棱，不一会儿，便没入海底，无踪无影了。海面

△ 我人民海军战士押着俘虏上汕头码头

△ 孔照年（左起第六人）和麦贤得以及八·六海战部分功臣和"海上英雄艇"指战员合影留念

上出现一个旋涡，比刚才的"章江号"要大得多。那"巨嘴鸟"永远不会吼叫了！

5时22分，号称"巨嘴鸟"的"剑门号"在东山岛东南海面38海里处沉没了。而在它上面的可怜水兵，死的死，伤的伤，能动的纷纷跳海逃生。

这次战斗，从我护卫艇编队开火至"剑门号"沉没，历时只有12分钟。

生命诚可贵

鸵城医院八昼夜

汕头军港上，人山人海，万头攒动。

"唷，我们海军打胜仗了，真厉害啊！一口气打沉了国民党两艘大战舰，还是美国佬造的咦！"

今早，广播里传出新华社的消息，像长了翅膀一样传遍了汕头这个海滨城市的大街小巷，千家万户，大家奔走相告。

"阿娇，阿娇，快起床，快起床，去码头！"

百合婶大清早听到广播的消息后，高兴得心底开了花，慌忙煮了两碗鸡蛋，准备往码头接阿得和少懒，祝贺他们胜利归来。她催着还在睡觉的小媳妇。

"阿妈，什么事呐？"阿娇被催醒了，不得不起床。

"阿娇，广播讲，我们海军打沉了国民党的大战舰，俺阿得和少懒也一定参战去，刚才，有许多人到码头去了，不知道阿得他们回来没有？"小媳妇一听，就知道阿妈的意思，她是担心阿得呢！

婆媳俩粗粗吃了两碗稀粥，便走出门。沿着南海路，拐个弯，迎面就是那片鲜嫩的西洋菜地了。那西洋菜绿茵茵的，枝叶柔弱，晨风吹过，轻轻地摇曳着。它们或许也知道我们海军打胜仗了，心里高兴哟！

百合婶和小媳妇阿娇，手拉手，钻进人流。小媳妇在前，见缝就钻，终于来到码头了。

唷，太阳升得老高了！金色的阳光照射在大海上英勇的战艇。海军战士一个个威武地握着枪支，押着一群群高举着手的国民党兵。

我们真的打赢了，我们真的打赢了！这些可恶的国民党兵，终于有好果子吃了！百合婶不久前听她侄女说，国民党兵常常欺负他们老家汫洲湾的渔船，阿龟就被炸伤了。听广播说，南澳还被国民党飞机炸了许多渔船呢。真是太可恶了！这国民党打了几十年仗，你既然无能耐，打输了，就该服输啊，你就是狗食糯米——不会变，老是要草蜢戏公鸡——这回，连大战舰都被打沉了，看你老实不老实！

唷，一排排威武的海军战士过来了。她睁着眼睛仔细瞧，为什么就没有阿得呢？

啊，那不是少懒么？不是那天唱着好听的歌的"小诸葛"么？

"阿娇！阿娇！你看，后面走来的是不是那唱歌的海军阿叔？"

阿娇眨巴着大眼睛仔细一瞧，便高兴地叫道："是，阿妈，就是那'小诸葛'！"

说话间，张少勤已押着俘虏走到她俩跟前了。

"少懒，少懒侄儿！"百合婶情不自禁地走上去，一把握着张少勤的手，"我们打胜仗了，太好了！"说着，便塞给他两个红皮鸡蛋，"少懒，给你吃，为你贺喜！"

"哈哈哈……"队伍里的战士们禁不住放声大笑。因为这张少勤的绰号是麦贤得去他们先锋艇串门时"移植"过去的，只在战士中间"内部掌握"，怎的半路上这阿婶也知道了。

阿娇不知他们笑的是什么，也认真地道："少懒叔，你们回来了，阿得也回来了吗？"

张少勤见到这么多父老乡亲在码头迎接他们，心里就暖烘烘的。是呀，人民解放军就是人民的子弟兵，和人民血肉相连啊！他们在海上打仗，人还未归，人民群众一早就拥在码头欢迎他们归来。他一下船，就激动得几乎要流泪了。这回，又是见到热情的百合婶婆媳俩，就再也控制不住了，两行热泪从那有些凹陷的眼窝里涌出来。

"阿婶，阿嫂，"张少勤接过还有些微温的鸡蛋，连声说，"谢谢，谢谢！我们胜利了，我们打沉了他们两艘大战舰了！"

"侄儿，哎哟，你瘦了！……阿得呢，阿得回来了吗？"百合婶又关切地问。

"阿得嘛……"张少勤心里十分清楚，611艇损伤严重，战斗又在激烈进行中，兄弟艇顾不上他们，他们自行抢修，自行返航。而今能否脱险，能否安全返航，他还不知道呢，他怎么回答呢！

"阿婶，阿得还没回来。他一定会回来的！"

说着，队伍已向前走去。张少勤向百合婶婆媳俩摆摆手，便跟上队伍去了。

"阿得还没回来，阿得他们的艇还没回来……"百合婶唠唠叨叨。

一群一群的队伍走过来，又走过去了……百合婶双手挡住刺眼的夏日晨光，瞧着瞧着，一个个可爱的孩子，脸庞都被硝烟熏得黑黝黝的，衣服被弹片刮破了，或是被炮火烧得支离破碎的，有的身上还有鲜血，有的躺在担架上，身上扎着绷布，让战士抬着……但是，就是没有阿得……

渐渐地，队伍走完了，百合婶眼巴巴地瞧着。难道阿得的战艇被打沉了吗？一个不幸的念头倏地闪进她脑海。不会的，不会的！广播里说打沉国民党两艘大战舰,并没有说我们被打沉呀。那么,阿得的艇为啥还没回来呢?

清晨的大海十分平静,渔船一早扬帆出海,从军港至汕头红山嘴那宽阔的海面,渔船在波光闪闪中徜徉着,一阵阵悦耳的渔歌随风飘来。

但是,来回穿梭在海面的就只有那乐悠悠的渔船,没见到挂着高高的大炮,挂着猎猎飞扬的五星红旗的战艇……

"娘,阿得叔他们会不会在别的码头上岸了,我们回去吧。"阿娇见日头快正午了,觉得没啥希望了,催促婆婆。

是的,阿得他们会不会在东山或是洪洲、三百门上岸?百合婶多么希望是这样!上岸了,今晚或明天就到她家,同少惺侄儿一道,到她家报喜,唱那好听的歌啊!

这该死的汽车,像乌龟爬行一样,慢腾腾的,开到什么时候才会到汕头呢?!

林呖心急如焚,恨不得立刻就见到儿子阿得。

汽车在公路上奔驰,到樟林了,到东里了,到澄城了……但是,每到一站,路边都有许多要到汕头办事或做生意的男男女女,司机"叭叭"两声,汽车就霍地一声停住了。

……汽车终于驶进总站了。阿有一手提着行李,一手挽住阿妈,麦阿记和麦长福跟在后边。走到车站门口他们雇了4辆单车,一直载往市立第一医院。

听武装部同志说,阿得他们就在市立第一医院。

医院门口,有许多人,有穿草绿色军装的,有穿白衣镶蓝边军装的,有穿着入时的年轻姑娘和小伙子,也有穿着跟他们一样衣服、戴着竹笠的乡下人。

他们挤进人群,见有两位海军战士站在铁门边。

"同志,这是第一医院吗?"麦长福上前问道。

"对,对,你们要找谁?"一位年轻的战士微笑着答道。

"我们找麦贤得,"麦长福回头指着麦阿记和林呖,"这是他父母亲。"

"唷,麦贤得!他……"那战士脸庞呈上敬慕之情,"他在里面……"

说话间,医院里面走出一位身材高大、约40多岁的中年军官。

"政委，麦贤得的父母亲来了！"那战士对走过来的中年军官报告道。

"政委，你好！"麦长福慌忙迎上去。

"你是——"政委握着麦长福满硬茧的大手。

"我是饶平汫洲来的，是大队民兵营长。"麦长福又指着麦阿记和林呖道："这两位是麦贤得的父母，来看麦贤得的。"

政委一听，急忙握住阿记和林呖的手，激动道："你们路上辛苦了，先到招待所歇一会吧！"

"别，别，政委，我们还是先看看阿得，他到底怎样了？"林呖紧张地道。

"是，是，应该先看看他。"

政委就是麦贤得所在大队的张政委。昨天，伤员进医院时，他就一个一个地看了，谁是重伤还是轻伤，伤在哪里，他心中都有个谱了。他同水警区的领导和卫生科张科长他们一道，认真地分析。卫生科已与市卫生局协商，调集全市最强的医务力量进行抢救。海战获得了大胜，但也有些官兵伤亡，当场牺牲的有601艇长吴广维和611艇军事长杨映松，而重伤生死未卜的有611艇的陈炳仁、黄理省和麦贤得，全大队受伤近30人，现在都在市立第一医院。病床满了，有的临时加床，轻伤的暂时安放在走廊上。他昨天一直忙到黄昏才回军营……

政委亲自带着他们走进急诊部。他知道麦贤得安顿在左边临街的病房。昨天还昏迷不醒，伤的是头部。但是，这时病房里没有麦贤得，是两位轻伤员在说着话。

张政委问了那两位战士，他们说重伤员已移往妇产科那边了，那边离手术室近。

张政委又领着他们往妇产科。

妇产科有七八间病房，里面都是伤员，一个个头上都扎着绷布，大都昏迷不醒。因临时移来，病床上还没写上伤者姓名，哪一个是麦贤得呢？

张政委对着阿记和林呖道："阿叔，阿婶，你们等等，我去问问护理室。"说完，他就往里面走去。

半晌，不知道护理室太忙碌，还是一时编号对不上，张政委还没回来。

"哎呀，这不是记叔吗？"忽然身边响起了一个熟悉的女人声音。

"啊，百合婶，百合婶！"林呖一见，原来是迁居汕头的百合婶，"你怎么也赶来医院？"

"哎呀，阿姆，我听说打沉国民党的战舰了，昨天就往码头等阿得，一直等没回来。那少懒侄儿回来了，说他的艇在后面，等到日晌午了，我才回家。昨晚听我媳妇说，11时多又有一艘战艇回来了，伤了许多人，我就担心会不会就是阿得他们，阿得会不会伤了，我过来瞧瞧。啊，你们来了，阿得他……"

"阿得受伤了，"麦阿记感激道，"多谢婶子费心。政委去找，还不知道他在哪个病房呢。"

林呖等不住了："阿有，对了！我们去找，仔细认他的后脚跟。小时候，后脚跟打眠床鼓打烂了，凹进两个小窟子。"说完，她就拉过阿有："长福叔，他爸，你们就在这里等政委，我们去找找。"

麦阿记知道妻子的急脾气，无奈地对着麦长福摇了摇头。

"行，阿姆，我们一起去找。"百合婶说着上前一手挽着林呖的手臂，一间一间地找过去。

林呖见着那些可爱的年纪轻轻的战士，以往都是生龙活虎的，同阿得一般的小伙子，而今一个个脸色苍白，头扎绷布，躺在病床上，一点儿都不能动弹，心里就阵阵疼痛。她瞧着瞧着，露出脸庞的，都不是阿得。又走过另一病床，这位战士头脸都扎上绷布了，她弯下腰，摸着露出外面的双脚，不是，她又摇摇头。

她头太痛了，一阵阵血腥味和浓郁的酒精味混杂在一起，她头有些昏涨了。

"阿有，你摸，摸那双脚的小窟子。"林呖叮嘱儿子。

"阿姆，你小心。"百合婶觉得林呖身子在微微颤抖。

"阿妈，来！小窟子，是我二哥！"阿有惊叫道。

百合婶扶着林呖走过去。林呖伸手摸着那双冰凉而有些僵硬的大脚，觉得后脚跟有小窟子，深凹的，这是阿得儿打眠床鼓时留下的记号啊，阿得！儿子头上的绷布染上鲜红的血渍，脸色像一张白纸，直挺挺地躺在病床上，眼睛一半被绷布遮盖着，一半露了出来，嘴角似乎显现平常那可爱的安详的笑意……"这就是我儿阿得么？"林呖唠叨地又轻轻地摸着他那双露出棉被外的大脚，脚跟上那两个小茶杯的凹窟子深深的。不会错，不会错！儿是自己一把尿一把屎养大的，不会错！"孩子啊，你可不能走，你可要活下来啊，你还很年轻呐！……"林呖絮叨着，觉得眼前一黑，一个踉跄，一头栽倒下去……

"阿妈，阿妈！"

"大姆，大姆！"

"哎呀，不好！大姆昏倒了，护士，快！"张政委已出现在门口。

护士慌忙跑往医务室去，不一会儿便带来了一个穿着白衣的身材高大的男医生。

"快，把她送往北座妇产科急诊室！"

众人急忙扶的扶，扛的扛，便把林呖送往急诊室。

不一会儿，林呖便苏醒过来了，嘴里唠唠道："阿得啊……阿得，你……你还年轻，你不……不能走哟……"

听的人无不落泪。男医生也凄怆地安慰道:"大婶,你别担心,你儿子会活的。"说完,他对护士交代了几句,又匆匆赶回医务办公室。

8月8日上午11时,汕头地区医院。

一场紧张的手术结束了。陈主任洗洗手,深深地吸了一口气,便又匆匆走进医务室。

"情况怎样?"蔡院长焦急地问。海军张科长和海军医院外科陈主任也期待地问。

"问题较严重。"陈教授摘下头上的白帽掠了掠额门上垂下的头发,"刚才揭开绷布,做了清创手术,把淤血杂物清理掉。但里面那块弹片,扎得很深,从右额骨穿进去,扎进左侧的脑内,一时难以取出来,恐怕要重做X光定位。伤员流血太多,做这种手术还要输血、要麻醉,准备工作要重新开始……"

"下一步你的意见,陈主任?"蔡院长又问。

"刚才做了清创又清除血肿,修补硬脑膜。下一步,我们研究一下,我的意见恐怕要尽快做第二次手术。"陈主任略一迟疑,又道:"这脑颅内深部取异物的手术,我还没有做过,没把握,我的意见是请陈主任……"陈扬燮微笑着把下颌轻轻一翘,指着一早从广州赶来的海军医院外科陈主任。

"不行,不行!"陈主任也摆摆手,"我主要是做胸腔腹腔的手术,这么复杂的脑外伤,我没有把握……"

那怎么办呢?

沉吟片刻,陈主任道:"蔡院长,恐怕要请广州军区总医院。他们有一个脑神经外科,主任刘明锋教授是全国一流的脑神经外科专家。强将手下无弱兵,他们的医生手术都不错。"

"哦……"蔡院长点点头,便向水警区卫生科张科长投去了征询的眼光。

"行,我把情况向首长汇报一下,请他们马上请示广州军区,请他们马上派医生下来!"

"行!"蔡院长和大家都表示赞同。

张科长便拿起电话筒,拨往汕头水警区司令部。

浓雾被强风卷走,天空渐渐明朗了,柔和的阳光照射在麦贤得疲惫的身上。他觉得四肢无力,好似在练兵场5000米长跑一样,跑到终端了,但双腿却像注满了铅一样,再也拖不动。

脑门上那只巨鹰的强硬的大爪似乎也松动了,似乎离他而去,但那大爪停落处仍是灼热灼热的痛,脑内好似有一团火在燃烧,喉咙异热,太干了……

"水……"

"唷，他醒了！"

身边好像有人声，谁醒了？莫非我昏迷么？对，我不是在战艇吗？为什么没炮声？为什么没有海浪声？他要睁开眼睛看一看他到底在哪里。他眼睛却老是睁不开，好像头上束着什么东西。对了，是绷带！自己头颅受伤了，束着绷带！

他感到嘴唇有一股清水灌进来，在口里转悠一下，便咝咝地流淌进咽喉里。他感到十二分的舒畅，他使劲地喊：

"班长，班长，我……我们胜利吗？"

"唷，二哥清醒了！二哥清醒了！"

这声音多么熟悉！这不是阿有吗？阿有为什么来到艇上？唷，对了，是自己受伤了，战艇安全返航了，自己一定是在医院里，阿有来看望他呢。

"阿有……"他高兴地叫道。

"二哥，是我，阿有，还有阿爸、阿妈和长福叔、百合婶都来看你呢！还有部队首长都来看望你！"

他好像回到自己家中了，亲人都在自己身边，他感到十二分的温暖，一高兴，眼眶竟溢满了泪水。

"阿爸……阿妈……长福叔……首长……"他呢喃着。

"阿得，好好养伤，别想那么多。"麦长福上前安慰道。

"同志，病人太累了，让他休息一会吧，刚才手术折腾了两个多小时，他太累了。"

麦贤得好似听到一个年轻的姑娘的声音，好像是护士，他头脑又有些昏涨了。

"首长，这就是麦贤得。"

声音刚落，麦贤得觉得有一阵杂沓的脚步声。

"他就是那个轮机兵麦贤得？"一个陌生而又温和的异乡人的声音。

"吴司令，是的，他就是那个头部受伤还坚持战斗三个多小时的麦贤得。"

吴司令，就是今早同海军首长一起乘飞机赴汕头参加八·六海战祝捷大会的南海舰队司令员吴瑞林。上午会议刚结束，三天后还要召开庆功表彰大会，他下午就同海军首长和汕头地委邹书记、陈专员一道来医院看望伤员。一进医院，他就十分关切地询问水警区孔照年副司令员："那个轮机战士伤势怎么样？危险不？"当听到孔照年说已经做清创修补脑膜手术，但颅里还有一块弹片，眼下昏迷不醒时，就担忧地说先看麦贤得。到医院后，蔡院长高兴地告诉他，麦贤得刚才已苏醒。他不禁一喜，便加快脚步走过来。

"小伙子，感觉好些么？"吴司令伸出大手，拉过放在被面上麦贤得那双有些干瘦的冰凉的手，亲切地抚摸着。

"首……首长……好……"麦贤得感到一双温暖的大手握住他的手了，一股暖流倏地涌上心房。

"小伙子，好好养伤。受伤了，与病魔作斗争，也要有你那股硬骨头精神啊！小伙子，你是好样的，我们把你的事迹上报给军委，上报给毛主席了。毛主席看后很高兴，都称赞你呢。主席还称赞我们仗打得好啊……蚂蚁啃骨头，打得漂亮！"

"毛主席……毛……主席……"麦贤得一听，心里热血沸腾，毛主席知道我们打胜仗了，毛主席知道我负伤了，毛主席还关心着我这小战士，毛主席多好啊！

"哈哈，小伙子，你好好养伤，毛主席打算要在北京接见我们，你伤好了，就上北京见毛主席……"

"太好了，太好了……我伤一定会好的，我……我一定要上京见……见毛主席。"

吴司令对身边的地委邹书记道："邹书记，这是多么可爱的战士，你们可要尽一切努力啊！"邹书记动情道："吴司令，您放心，我会把抢救英雄人民子弟兵的生命当成头等大事，认真抓好，保证麦贤得这些可爱的战士尽早恢复健康！"

11日上午8时30分，汕头地区医院手术室。

护士长黄昆华反复检查了手术工具，觉得万无一失了，便低头对躺在手术床上的麦贤得道："麦同志，手术要开始了，广州的大医师孙主任主刀，很有水平的，请您配合。"

"好，好，尽管割，我挺得住的。"经过两天的恢复，麦贤得神志已清醒得多了。眼下血压平稳，体温38摄氏度多，脉搏有力。他对自己也暗下决心道：手术有什么了不起，敌人的炮弹也打不倒我，我一定要挺住，好好配合医生，把弹片取出来。等身体恢复了，就可以上艇去继续战斗。说不定还赶着上京见毛主席呢！想到这里，他增强了信心，脸庞也呈现出安详的状态。

无影灯亮了，一群医生护士走了进来。一个护士先行注射了麻醉针。不一会儿，他就觉得昏迷迷的。又觉得左颞骨处刺痛了一下，一阵"霍霍霍"的切刈声，接着就觉得有一支刀子什么的往颅里深处挪动着……

时间一秒一秒地过去了，渐渐地，他觉得那刀子越刈越痛，自己的心脏也嘣嘣地急剧地跳动着……头脑一阵剧痛，天旋地转，神志恍惚，似堕入一个漆黑的无底深渊……

"快，快，麦贤得情况恶化，快输血！"手术室里，传来了蔡院长的命令。

命令传到血库，输血的队伍一阵轰动。一只只挽得高高的手臂伸上来了："快，从这里抽！""快，抽我的！""我……""我，我，我！"

医生、护士、从围墙外拥进来的干部、群众，人人都争着为抢救子弟兵献血！

刚为一位病人做完食道镜检查手术的中年医生，挤近抽血护士的面前，坚决道："我的血是 O 型的，时间要紧，我身体顶得住，快！"一位实习护士也抢着上前去，伸过那雪白的手臂："快，我也是 O 型，我年轻！"

针管，抽出一管一管祖国亲人兄弟姐妹的热血，输进人民子弟兵麦贤得的血管：200CC……400CC……1000CC……2000CC……

麦贤得脸色红晕了。但是，医生的镊子，仍在他颅内搜索、挪动……1 小时……2 小时……10 小时……18 小时，那可恶的弹片仍无踪无影，那可恶的弹片逃哪去了呢……

手术失败了！

17 时 50 分，孙主任额头布满了汗水，疲惫地走出了手术室！

我们最可爱的人麦贤得，第三次昏迷过去了！

第二次手术失败的消息，汇报到广州军区。首长决定——马上派飞机，把麦贤得和另外三名重伤员空运广州大医院抢救！

15 日下午 4 时许，一架银灰色的直升机，载着麦贤得和他的班长黄理省以及另外两名重伤员，直达广东的省府——广州。

萧小俏日记之一：麦贤得苏醒了

★★★★★

8 月 16 日

今天，薄云，太阳时而探出明晃晃的脑袋，把光线洒下大地；时而钻进白蒙蒙的云缝里去，窗外灰灰的。那知了依然告诉我，它"知了，知了……"

这讨厌的东西，你"知了"什么？

我们这可爱的人依然昏迷不醒，依然是呼吸微弱的。今天下午，输了1000CC的血，但仍不能清醒，刘主任几乎一天一夜有20多个小时蹲在我们身边。是什么原因呢？院长来了，政委来了，军区首长也来了，大家脸色都是十分沉重的。麦贤得不苏醒，大家心头都压上一块大石，一块沉重的大石啊！我几乎急得要哭了……下午，没人时，我就见到许曼曼眼眶红红的，我也一阵心酸，不觉也流出泪水。一转身，给刘主任发现了，他鼓励我们道："小萧，小曼，放心吧。我们会把他抢救过来的。"听刘主任的语气，他似乎是蛮有把握的样子。

　　刘主任，叫刘明锋，身体高大，人十分厚道，工作细心严谨，是全国一流的脑神经外科专家。听说抗日战争前夕就在国内最有名的医学院本科毕业，在青岛一家国民党军医院任职时，他的"刮脑疗疯"脑外科手术已闻名于世。到解放前夕，他亲自为60多名脑神经患者开脑颅治疗脑神经病，获得成功。上海《申报》连篇累牍推出《杏林新星——"刮脑疗疯"圣手青年医师刘明锋》，于是举世闻名。解放前夕，他被调到国民党广州陆军总医院任脑神经外科主刀。解放后，他便与医院一道被我人民解放军接收过来，一直勤勤恳恳地工作，而今已是我们的脑神经外科的主任了。他把自己的知识编纂成一部书，将要出版问世。有这样的专家主治，麦贤得是不会有危险的！我深信。但是，他为什么还不清醒呢？我不敢问刘主任。刘主任淡淡的双眉，一天几乎都深锁着。他是在思索着什么妙策，什么绝招，我不敢去打乱他的思路……

8月17日

　　今天，上午下着微微小雨，窗外的雨丝像外婆的织纱一样一丝连着一丝……晌午，太阳又出来了，雨后的阳光更是酷热，墙上的温度计的水银柱标上33℃。不敢开电风扇，他也知道热了，额头上冒出密密层层的细汗，老是要翻身，一翻身，脑袋就要歪下枕边。他的左颞骨开窗了，那弹片还没能取出来，骨窗口还是扎着绷布，若是压住枕头了，会痛的，时间长了，要发炎的。

　　他一往左侧翻身，我就慌忙前去扶住他。他太痛苦了，挣扎着一定要这个姿势，我只得把手轻轻插进他的左额边，作为枕垫，我觉得他的脸颊温热温热的，但没有刚来两天那样发烫，体温明显下降了，今天只有39℃，但是，还是昏迷不醒。许曼曼来了，她见我坐在他的床上，抚摸他的脸蛋，便向我做了个鬼脸。哎，这小鬼，什么都不懂，这是我们当白衣护士的责任嘛！

　　一会儿，只见他好像睡得太热了，又翻了个身，仰卧着。这会儿，我那小手解放了。我抬起来一瞧：红红的，汗津津的，迎面扑来一股他那男子汉特有的豪壮而酸辣的汗味。

　　"曼曼。"我往她那张圆圆的银盘样的呈着稚气的脸庞上轻轻一抹，那汗渍就抹在她的嫩脸上，她伸手轻轻地拍我一下，"你坏！"

"曼曼，我如果没有在这里，他翻身了，你可要跟我一样，用手扶住他，别让他压住伤口。"我认真地叮嘱道。

"我才不! 我才没有你这雅兴呢。"许曼曼嘟着那樱桃小嘴，一股若无其事的样子。

这小曼，今天是吃错药了? 她一贯视病人为亲人，昨天还急得哭鼻子呢。为什么今天这态度呢?

我正在发愣，只见她从手袋里掏出一块白底印着牵牛花的新布，坐在凳子上，一声不响地缝着。

咦，这娃是搞啥玩意儿? 我不理她，看看她做啥把戏。不一会儿，她那双纤巧的手里，竟缝出了一个小包包，从身上摸出一个塑料袋，掏出一袋棉花，小心翼翼地装了进去，便一针一线地缝了封口。啊，这不是一个小娃娃睡觉的小枕垫吗? 我明白了!

只见小曼把小枕垫安放在他的枕头左边上面，她端详了一会儿，嘴角抿出笑意，脸颊浮出两个深深的酒窝儿。不一会儿，他又翻身了。这会，他的头就被那小枕垫抵住，有伤口的左额就不会滑下来压住……啊，这小曼，脑瓜真灵，她其实早发现这一情况了……

他的体温往下降了。这时，是38.5℃，我揪紧的心放松些了。或许，他真的会醒了……我多么希望这一刻啊!

天气太炎热了，他出了一身汗。一翻身，一股酸臭之气便扑面而来。我道:"小曼，来，为他擦身子，两天了，这次要全身擦，不能让他生褥疮。"我边说边把水瓶里的开水倒在脸盆里，晾着。一会儿，开水的热气散去了，我伸手一摸，微温的，刚好。我就上前去解开他的上衣和裤子，招呼小曼道:"来，你拧毛巾动手。"我解开他的上衣，她便弯腰擦着。我解开他的裤衩，半响，没见小许擦。我转头一望，只见她脸红扑扑的。咦，这小妹，原来怕羞!"哎呀，我的天! 当护士的，还忸忸怩怩，擦!"我叫道。

"好大姐，你擦，你擦，我……"只见小曼那好看的脸庞一直红到耳根。哎呀，也难怪，她才进院没半年，或许没干过这事! 但是，不行，小曼什么都行，这一关一定要帮她闯过。我便装着严厉地道:"擦，就要你擦。"她无奈，双手发颤地往下身擦去，我一见，还不干净，便嗔道，"再擦，全面擦，这小牛牛最容易发炎。"她脸红得像是喝了酽酽的浓酒，只得又重新擦着。我一见，才笑道:"这才对，这才对!"她羞愧交加，狠狠地捣着我的背:"你坏，你坏……"

窗外，太阳西斜了。满天瑰丽的红霞真讨人喜欢，阳台上那株红玫瑰不知啥时候飞来两只粉蝶，大的是黑色的，两片翼儿镶着金丝，眨巴着鼓鼓的眼睛;那只小的是青绿色的，身子中间长着一簇红斑斑绒毛，两只翼子分别镶上六点猩红点，太美了! 两只小家伙绕着那盛开的红玫瑰，团团飞舞。时而高，时而低，时而钻进花心去，津津有味地吸吮着那甜蜜的糖浆……

多么幸福的小家伙！我真的十分羡慕它们，大翰写信要我到他那里去，我俩三个多月没见面了。我何尝不想他，何尝不想见他，何尝不喜欢在花前月下呢喃呢？

我身边有特别的任务啊！光荣的任务啊！"麦贤得不脱离危险期，我就不见你！"我写信恨恨地告诉他，让他安心干他的事，别痴想！嘻……

太晚了，我就写到这里了。麦贤得平静。

8月18日

今天，太阳似火球般一早就露出来了。老天爷可能知道有喜讯一样，大清早，就派了两只喜鹊，登在大院门的榕树上，"喳喳"地叫个不停。

今天，太高兴了！麦贤得苏醒了！

这是我在病房里的第三个夜晚，第三个清晨。与往日一样，医院屋顶的喇叭唱着那亿万人民都熟透了的歌——《东方红》：

东方红，太阳升。
中国出了个毛泽东。
他为人民谋幸福，
他是人民大救星。

我刚盥洗完毕，习惯地走往床前观察他，见他脸庞十分安详，脸颊好似出现一阵红晕。忽然，只见他嘴唇轻轻翕动着，而且跟着那"东方红,太阳升……"的节拍，轻微地发出声音，"东方红，太……"蓦地，眼睛睁开了，两颗黑溜溜的眼珠子转动着，嘴角抿出轻轻的笑意，眼睁睁地望着我……

"啊！麦贤得醒来了，麦贤得醒来了！"我高兴得不能自已，飞奔往护理室去。

"麦贤得醒来了！麦贤得醒来了！"早起的人们都吱呀吱呀地打开房门，纷纷探出脑袋，露出高兴的脸庞。

三天三夜在医院值班的院长、政委和刘主任，都嘣嘣地飞跑过来。他们拥到麦贤得的床前，见着这眨巴着的大眼睛、抿着嘴角微笑的可爱的人，大家无不涌出热泪：太好了，麦贤得，你终于醒来了！

这下子，我们的医院沸腾了，大家奔走相告。军区首长接到消息后，也驱车前来看望。

那天晚饭，我多吃了两碗，尽管菜汤凉凉的……但我的心

生命诚可贵

很热很热，热得两颊也觉得火辣辣的。

  8月26日

  今天，天气也是晴朗。

  麦贤得日见好转。但是，许曼曼告诉我，好像他患上感冒了，昨晚老是流鼻涕。

  是呀，昨天下午我也为他擦了鼻涕。我按惯例给他探了体温，37.5℃，基本正常，又不会打喷嚏，又没鼻音，不像感冒。

  9时30分，刘主任来了。我把情况向他汇报，刘主任认真检查一番之后，也摇着头说不像感冒。但为什么老是流鼻涕呢？

  刘主任就叮嘱我，等一会儿他的鼻涕流出来时，弄一点儿拿去化验。我按嘱照办了。

  化验结果，真令人大吃一惊：麦贤得竟是脑脊液鼻漏！

  刘主任获悉后，马上向院长汇报，蔡院长马上组织各科主任会诊，结论一致：麦贤得除颅内留存弹片外，因前额骨折，造成脑脊液鼻漏。这一症状为什么这两天才出现呢？因为原来他不能起床，脑脊液漏往咽喉里去。这两天起床，就直往鼻孔流出来。

  医生会诊的意见，是要在他的体力恢复后，能接受手术治疗时，先做脑脊液鼻漏补漏术。

  就是说，我们特护小组的主要任务，就是要让他吃好睡好，早日恢复体力，迎接做这项手术。

  刘主任悄悄地叮咛我："小萧，你们要下工夫！使他早日增强体质，尽快使他能接受手术。"

萧小俏日记之二：第三次脑手术

★★★★★

  8月25日

  今天，麦贤得起得早。5时30分，屋顶的大喇叭还没唱《东方红》，他就翻了身："唏，尿，唏，尿。"

他的发音只是单词，我慌忙拿了尿壶过去，他又硬要滑下床。我道："麦同志，天还早，凉，你就将就吧，我不看你，我背过脸。"说着，我真的转身背过脸。在我再三哄骗下，他终于"咝咝咝"地拉了。

拉完，我把尿壶拿到卫生间倒了。回来，称赞道："麦同志，你做得好。"他听后，便红着脸笑笑，不一会儿，又入睡了。

早饭后，学习毛主席语录。他见到里面的毛主席照片，又"嘻嘻"地高兴得大叫，伸开左手一把就抢了去，拿到眼皮底下仔细地瞧，激动得脸像乐开了花。

真怪，同他谈话时，谈到别的，他的反应不明显，问他家有多少人，爸妈怎样，有多少个弟弟妹妹，他都没啥反应，而当说到毛主席，读毛主席语录，抄写毛主席的话，他的反应似乎很灵敏。真的，他胸中就只装着毛主席、毛泽东思想呢。

我在纸上写上："问：麦贤得，你是战士吗？"他便用左手颤巍巍地写道："答：随时准备消灭来犯的敌人！"

午饭的时候，他食欲不振，我便劝他："麦同志，你要好好听毛主席的话，服从治疗，养好伤，重返前线，争取更大的荣誉。"他听后，便愉快地吃起来了。

下午，刘明锋主任来看望。他看到麦贤得日见好转，心情也很愉快。几天来很少见的笑容又浮现在那温存的脸庞上。4时多，阳光柔和。他对我说："小萧，你们太累了，以后，这个时候，我就带麦同志到医院的草坪散步锻炼。你们可以歇息歇息。"我道："刘主任，你太忙了，让我们带就行吧。"他道："党交给我们最重要的任务，就是要保证早日治好麦同志，让他早日恢复健康，我们一起努力吧。"说完，他就同我一道把麦贤得扶下床。他把麦贤得的左手拉上自己的右肩，扶着往屋外的草坪去。

自从麦贤得住院以来，刘主任明显消瘦了。脸颊凹陷进去，手上的青筋涨浮，两鬓好似增加了好几根银丝了。

11月3日

下午，3时多，刘主任叫我到办公室。他对我说："小萧，麦同志的体质已恢复得不错了，院党委请示上级同意，后天上午要给他做手术。"

我一听，心里十分高兴，这可好了："刘主任，要取弹片吗？"

"不是，现在主要是彻底解决脑脊液鼻漏的问题，先做脑脊液鼻漏补漏手术和前额颅骨整复手术,这手术很关键。脑脊液鼻漏解决了，他的体质恢复就会更快，以后才考虑尽快做弹片摘除手术。这两天，你们特护小组要特别注意他的饮食起居，加强护理，别出现新的麻烦。"我默默地点点头。

"那么，你先回去，跟大家打一下招呼，通知所有特护小组人员今晚8时在这里开个短会，叫许曼曼在病房值班，她就别参加，你个别传达就行。"

"是。"我答应着。

离开办公室，我心里想，终于要施行手术了，院党委和首长真是谨小慎微，这样的手术，由刘主任主刀，真是十拿九稳呢。

11月5日

今早，不知道是否因深秋露水重的缘故，窗外那株与芒果树挨在一起的米兰树，繁花似锦。我一推开窗门，一股扑鼻的清香便飘溢进来。

"香，香！"已醒的麦贤得高兴得大嘴咧开，叫着他的单词。

"是啊，真香！"我张开鼻孔用力吸吮着这醉人的幽香，也连声喝彩着，"麦同志，今天一早，米兰花盛开，大吉之兆哪！你今天的手术一定成功的。"

"嘻，嘻……"麦贤得高兴得像小孩子一样，那只左手直摇晃着……

吃早饭了，麦贤得继续吃流食，主要是鲜牛奶、鸡蛋汤。早晨，一般没给水果汁，中午，还加水果汁。

别的事，麦贤得很拗气，听说要做手术，要他配合，做成功了，身体好了，就能上战艇打国民党，打美国佬。他一听，就来劲，左手握得像钢条一样坚硬，笑着"唏唏"乱叫。8时30分，我和许曼曼把他扶往手术室。

刘主任、孙副主任和麻醉科的李主任都在那里了。他们都穿好手术衣，戴上手套。我们把他扶上手术床。然后，我同许曼曼就离开了。里面有手术护士。

我俩在护理室等候。

手术从上午9点做到下午4点共做了7个小时。

下午4时许，刘主任从手术室出来，脸庞堆着笑意，额头上布满了汗珠。一边解开脑后帽子的带子，一边高兴道："成功了，成功了！"

我像喝了甜甜的蜂蜜一样，从嘴甜到心，我深深地祝贺："麦同志，你太幸运了！我们也太幸运了！"

1966年1月18日

今天，已是农历十二月二十七，要过年了！

大翰对我真有意见了，三天前来信说，我再不休假去看望他，他就要请假到广州来。他的工作也重要呀，他肩负守卫祖国海疆的重担。他是说气话的，他哪会轻易离开自己的战斗岗位？当连长的责任重呀！我马上写信给他，说请他原谅，麦贤得太需要我了，因为他对我和许曼曼太熟悉了，一离开，他就要发脾气，对生疏的护士，一发脾气还要打人呢。这时候，我怎好意思向组织申请休假呢。信发出两天了，恐怕大翰应该收到了。唉，大翰啊，你就原谅我吧！你应该理解我的心，我怎不希望能见到你，能日夜厮守在一起呢！我是很爱你的，只是也重担在肩啊！以后我会把爱加倍地还给你的！

今天清早，太高兴了，一个喜讯从天而降。一早，广播的《东方红》唱完后，女播音员清脆的声音播出令人为之高兴的消息:"今天,《人民日报》头版头条刊载长篇通讯《毛泽东思想武装的钢铁战士——记"海上英雄艇"轮机兵麦贤得》的长篇通讯。"然后,播音员便用高昂的声音播发出了《人民日报》的社论《革命硬骨头精神无敌于天下》。我们听后,奔走相告,大家格外高兴。

中央人民广播电台女播音员的声音一字一句地在人们心头中震动:

今天,我们怀着无限兴奋、激动的心情,读了毛泽东思想武装起来的钢铁战士的英雄事迹。"海上英雄艇"的轮机兵麦贤得,在歼灭国民党军"剑门号"和"章江号"的战斗中,在头部重伤、脑脊液外溢的情况下,坚持战斗三个多小时,直到取得完全的胜利。他真不愧是一个无产阶级革命的硬骨头。

麦贤得的无产阶级革命硬骨头精神,不仅表现在战场上,而且表现在医院里。他在神志没有完全恢复的时候,仍能记住一个战士的任务,是随时准备消灭来犯的敌人。他在右手瘫痪的艰难情况下,为了早日返回战斗岗位忍痛进行顽强的锻炼。他在敌人的面前是胜利者,在创伤面前也是胜利者……

我见到,麦贤得怔怔地坐在床上,凝神地听着听着,渐渐地眼睛蓄满了泪水,喃喃道:"做不够,不够……"

萧小俏日记之三:毛主席派老帅们看望他了

★★★★★

1月23日

今天,是正月初四,那裹着节日盛装的广州城,已开始换上平时简朴的服装了。男男女女,有的坐着公共汽车,有的蹬着自行车,匆忙地上班、下班……一切开始回归到平常的日子。

今天上午,接到大翰来信。我见着那熟悉的粗犷的字体，心里就怦怦乱跳，他肯定当头就给我一场臭骂的。

哪知，却出乎意料。其实，这是两封信，一个信封，里面装着两封信。一封是给我的，一封是给麦贤得的。

他给我的信是这样写的——

亲爱的小俏：

新年好！

"每逢佳节倍思亲！"何况我这住在四面环水的孤岛的边防战士。我们举头望着的不仅仅是明月、繁星，还有黑云，还有雨柱，还有展翅双飞的白鹤和海燕……

你想，我们新婚还过不了满月，你们医院的加急电报就飞来了——紧急任务！是呀，军人以服从命令为天职，我娶了女军人为妻子，我无怨无悔，我也是军人啊！但是，此一别，已6个多月了。你知道，每当听着那如怨如诉的大海的呜咽声，每当听着军营门口那株相思树上两只小黄鹂的呢喃声，每当见到我的战友携着探亲的妻子悠闲自在地踩着沙滩的依恋倩影……我的心就飞到你那里。我常常夜里梦见你搭着大船来到我的身边……但是，天亮了，我就知道是空梦一场，空欢喜一场呢！说真的，近来，我心里暗暗萌发一丝哀怨，你小俏太薄情了，心中就没有我！

但是，我的愁绪，我的哀怨，被几天前《人民日报》关于麦贤得的英雄事迹感化了。我看着那篇激动人心的文章，见到麦贤得奋不顾身舍身卫国，负重伤了还坚持战斗三个多小时的感人事迹，我感动得泪花泱泱：尊敬的远方战友啊，你真伟大，我大翰太渺小了！两天来，我们部队掀起学习麦贤得硬骨头精神的热潮，战友们都被麦贤得的事迹感动了，大家决心练好杀敌本领，坚守岗位，时刻准备消灭敢于入侵之敌……战友们在报纸中见到你的名字，大家知道是我的爱人，都说："连长，你真幸运！"

是的，我真幸运啊！我的最亲爱的人能为战斗英雄——一位人民最可爱的人的身体康复献出微弱之力，我难道不幸福吗……

亲爱的，我明白了，你为什么6个多月没空回来看我，你的工作是神圣的、光荣的。只要党需要你，英雄需要你，你就安心、放心地坚守岗位吧！我，一位人民的边防战士，说句心里话，我是愿意做出这点奉献的！你放心工作吧，我无怨无悔……

我的泪水无声地流出来了：大翰啊，你太可爱了！我以后一定会加倍地把爱还给你的啊！

第二封信是他写给麦贤得的：

尊敬的英雄、尊敬的战友麦贤得同志：

从我的妻子的来信中，我知道你的身体在党和人民的关怀下已逐步康复了，我代表我们守卫在海岛的全体边防战士向您表示衷心的祝贺，并致以战友的敬礼！

您的英雄的事迹深深地教育了我们，鼓舞了我们。我们决心以您为榜样，用您那硬骨头精神保卫祖国的边海防！

尊敬的战友，我身处远方未能为你做点什么，我的爱人小俏就在您的身边，她没什么高明的技术,也没有什么灵丹妙药,但我深知,小俏有一颗洁净的心,有一颗温热的心,有一颗视战友的身体为第一生命的人民战士的心!战友,我作为他的亲人,我支持她,我以一个人民战士、一位你远方的战友的身份向您表示,只要您的身体康复的需要,我宁愿等着您康复的喜讯见报了,我才见到我的妻子!

祝您身体早日健康!

此致

崇高的革命敬礼!

你远方的战友:顾大翰
1966年1月20日(正月初一夜)

我把信一字一句念给麦贤得听,他听着听着,热泪盈眶了,哽咽道:"大翰,好战友!"

大翰的信,是千千万万封充满滚烫语气的信的一封。自从《人民日报》的文章和社论发表后,几天来,已收了几千封信件了。仅昨天,一天就收了780多封。有一位驻守在北京的哨兵,给麦贤得寄来了一小包天安门的松子,祝麦贤得早日恢复健康,永做一株凌风傲雪的革命青松。有许多少先队员寄来一条条红领巾,带来了一颗颗少先队员的赤诚的心,飞到麦贤得的身边……云南中医学院民兵排的来信说:"每当我们在报上看到美帝国主义在越南残害越南兄弟时,我们就越加深了对美帝国主义的仇恨。我们要永远握紧手中的枪,把阶级仇恨集中在刺刀尖上,警惕地注视着形势的发展,随时准备打垮胆敢来犯的美国强盗……"北京一位中学生在写信给麦贤得时还把他自己心爱的毛主席像寄给麦贤得。他在信中写道:"你最热爱毛主席,我就把我的毛主席像送给你,祝你浑身是力量,早日恢复健康。"

看着这一封封亲切的信,一句句滚烫的语言,我们更感到任务的光荣、责任的重大。

2月8日

今天,又是一个格外高兴的日子。

8时多,院长办公室又来具体通知,说上午9时,毛主席派国务院副总理贺龙元帅和叶剑英元帅要来看望麦贤得。

我同许曼曼急忙服侍麦贤得吃好早餐,告诉他:"麦同志,吃饱饱的,今天上午毛主席派贺龙、叶剑英二位元帅来看望你了。"

他听后,就停住不吃饭了,脸庞呈出孩子般天真的笑意:"哇,毛主席?!"

"是的,毛主席很关心你,专门派老帅贺龙、叶剑英来看望你。"

"啊,贺龙?一把菜刀!"

真怪,他能记住贺龙"一把菜刀闹革命"。

"是的,他现在是国务院副总理,他代表毛主席来看望你。"我反复解释着。

他高兴得伸出左手乱挥着:"好,好,毛主席!"

我们又反复教他一些注意的礼节。不一会儿,院长和刘主任他们也来了,亲自教他如何回答首长的问话。他只顾一个劲地点头,眼眶有些湿湿的,看来,他是很激动的。

9时,一位护士匆匆跑进来,说贺龙、叶剑英元帅来了。我同许曼曼便扶着麦贤得走出病房。他挣脱我的手,径直跑了过去。我急忙追上去。贺龙、叶剑英元帅迎面走来,见了麦贤得,好似通过照片早已认识了。便笑吟吟地伸出手来,一人拉住他的一只手,把两束鲜花送给他。我便代他接了过来。

二位元帅携着麦贤得的手,一同走进病房,在病床前坐下来。贺龙对麦贤得说:"毛主席对你很关怀,派我们来看望你。"麦贤得激动得嘴唇抽动着:"谢谢,毛主席!"叶剑英接着说:"毛主席要你全心全意把伤养好。"麦贤得又连声说:"谢谢,谢谢!"

贺龙满脸堆着笑,用手摸一摸八字胡,询问了麦贤得的饮食起居情况,听到麦贤得的第三次手术成功,身体恢复很快时,便满意地点点头。又拉着麦贤得的手道:"小麦,你为党和人民立了功,你是英雄。"叶剑英接着道:"现在全军都向你学习。"

麦贤得羞涩地拉扭着衣带,谦逊道:"不够!不够!"

这时,贺龙站起来,轻轻地脱下麦贤得的军帽,细细地观察他的伤口。叶剑英也拉着麦贤得那不灵活的右手,看了又看,然后又说:"毛主席要我们告诉你,要安心把伤养好,你要听毛主席的话,好好养伤,早日康复。"

麦贤得激动道:"首长,我听话,我听话,做毛主席的好战士。"

贺龙和叶剑英两位元帅一听,乐得呵呵笑,连连点头道:"好,好!"

贺龙、叶剑英又嘱咐我们:"要好好地照护他,注意营养,注意休息。"

毛主席和老帅的关心，使麦贤得情不自已，他放开喉咙唱歌："我是一个兵，来自老百姓……"

贺龙和叶剑英两位老帅高兴地鼓掌，帮他打节拍。贺龙称赞道："唱得好，唱得好！你负伤之后还能记得这么清楚，你的伤是能够慢慢好起来的。"叶剑英说："希望你养好伤，重回战斗岗位，如果敌人胆敢再来，就再打！"麦贤得握紧拳头说："打！"贺龙又说："要把伤养好了再打。"麦贤得连连地说："打！打！"

临别了，麦贤得反复说："谢谢，毛主席！谢谢，首长！"

麦贤得送贺龙、叶剑英二位元帅到门口，又情不自禁地举手高呼："毛主席万岁！中国共产党万岁！"

3月7日

今天上午9时，春光和煦，花香满院。国家副主席董必武和中共中央中南局第一书记陶铸又来看望麦贤得。

我们接到通知后，事前也做好了充分的准备。

董副主席和陶铸书记走来了。他们见到在门口迎接的麦贤得的身体已初步恢复了，很高兴。董副主席牵着他的手，一同走回病房。他关切地问麦贤得吃得好不好，睡觉睡得好不好。麦贤得一一地做了回答。董必武称赞道："小麦，你为祖国，为中国人民，为世界人民，为无产阶级，做了一件很好的事情。你狠狠地打击了美帝国主义和国民党。"麦贤得响亮地回答："打！"董必武接着说："全国人民都关心你，你要好好休养。全国人民都在学习你。"麦贤得激动地说："不够！不够！我要听毛主席的话，读毛主席的书。"

陶铸也兴奋道："党中央和毛主席、刘主席、周总理、朱委员长都很关心你的健康。董副主席特地来探望你。你为全国人民和全军树立了一个好榜样。我们要用一切办法使你恢复健康。恢复健康后，回到工作岗位上继续努力工作。"说完，陶铸便从随行人员手中拿过一幅字画，道："这是董副主席亲手题写给你的诗。"

麦贤得一听，兴奋得啪的一声，向董副主席敬了一个庄严的军礼。

我代表麦贤得接过这诗幅，和许曼曼帮着展在床上，只见上面写道：

钢铁战士麦贤得，特殊材料构成格。官骸气质凛自然，经过锻炼圣凡别。参加革命学毛选，变化气质及体魄。阶级觉悟日提高，斗争起来更积极；思想若能革命化，五官百骸听驱策。杀敌勇敢大无畏，忘我不知伤在额。不下火线固己奇，昏迷还在转轮机。勇撼山岳慑虎豹，威鼓洪涛荡海孽。炮轰敌舰浪中沉，霹雳精神骇残贼。不怕苦，不怕难，不怕死在眼前迫，毛泽东思想哺育此心赤。董存瑞、黄继光、雷锋、王杰、欧阳海，战斗英雄千百辈，君列其中也生色。大庆人，大寨人，各行各业出群英，读书活用获成绩，闻君风者皆感激。为革命为人民而死，死得其所；为革命为人民而生，

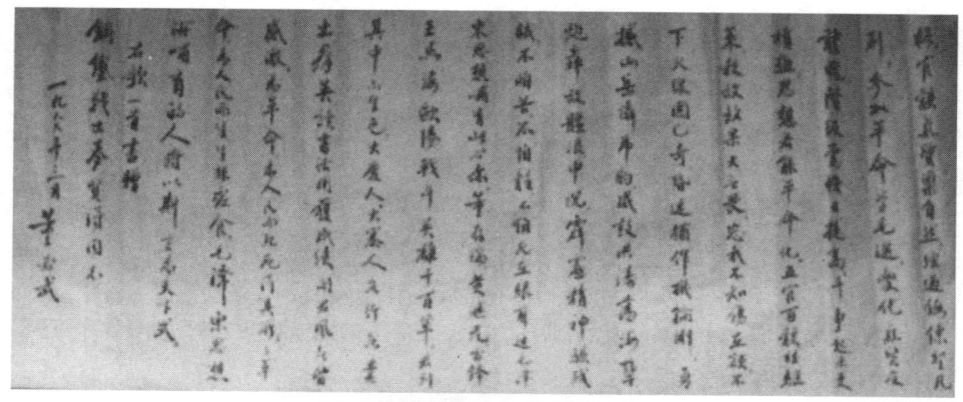

△ 董必武同志赠诗麦贤得手迹

生非虚食。毛泽东思想所哺育的人,将以斯言为天下式。

3月10日

今天,天气不好,黑云堆满天空,闷雷一个连着一个,轰隆隆地在天际中炸开,雨下个不停。这鬼天气,真叫人不舒服。

或许是天气作怪,麦贤得的食欲大为不振。一个月前也出现这样的状况,那时持续了一个星期。医院便派孙副主任前往他的饶平老家了解他的父母,看他平时在家乡喜欢吃什么。回来后,孙副主任高兴地说,他喜欢吃鱼和面条汤。我们便弄给他吃。真的,他吃得很多。但是,这几天来,他一见鱼和面汤就像见到鸡屎一样,一个劲地摇头。不吃可不行啊!

我正一筹莫展时,下午,他父母亲来医院看望他了。

麦贤得住院半年多了,老父母才第一次来。他父亲长得很高大,长长的脑袋早已秃顶了,秃得光光的,只在脑袋的周围剩下一小圈黑发,额门光滑发亮,要是穿上军装,很像一位部队的大政委。样子十分和蔼可亲。他母亲也长得胖胖的,和一般城里中年妇女那样发福的身体。她进病房,一见到在蹦蹦跳跳的麦贤得,只见她深深地舒了一口气,拉住我的手连声道:"谢谢大姐,谢谢大姐,我真想不到阿得还会活下来,在汕头,我看见他全身硬硬的,不会动弹,我想已没望了。你们真是活神仙啊!我从广播里听到他活下来了,还会说话、会唱歌,真是太高兴了!"

我见麦贤得双眼发直地瞧着父母亲，没开口，便道："麦同志，你瞧谁来了？"

只见他嘴唇颤抖着："阿爸，阿妈……"说完，两股热泪就流了出来。

他父亲走了过来，拉着他的手道："孩子，是党和人民救了你的命，是医院的好医生好护士救了你的命，要好好听党的话，听医生和护士的话，医好了，好出院回部队去。"

麦贤得含泪地点点头。

她母亲也走过去，叫麦贤得坐在床沿上，她摸着他的头颅，见前额的弹洞已缝合了，长得光光滑滑的，只有左边一个凹陷，边沿也干干净净的，就掉头问我："大姐，怎的还留住一个洞？"

我道："麦同志脑子里面还有一块弹片，我们考虑让他身体恢复后，体质强壮些，准备再开刀取出弹片。"

他妈听后，脸庞又布上愁丝，但是一瞬间，又开朗道："大姐，有你们这样的好医生，他一定会好起来的。"回头，她又叮嘱麦贤得道："阿得，要听话，别像在家里一样，处处都要逞强，身体好了，就可再下船去，别劳累这么多同志和阿姐！"

我一听，心里一咯噔，多好的老人！他们没认为自己的孩子是功臣，居功自大，却处处怕麻烦党和政府，怕麻烦同志，好似他的儿子为国献身是应该的！

我一激动，眼眶也潮湿了，对他妈道："大婶，麦同志是很坚强的，他对我们也很好。"

他妈道："这才对，这才对！"

我又问："大婶，可能是天气的关系，他这两天吃得不好，鱼也不吃，面也不吃。"

"大姐，让他去，他饿了，石头都吞下去。让他饿一两天，别怕！"

唷，真有这般做娘的！

我心内宽多了！

3月23日

今天，是一个重要和欢乐的日子——国防部授予麦贤得"战斗英雄"，共青团中央授予他"模范共青团员"的光荣称号。今天召开的命名大会，全国人大副委员长、国防委员会副主席徐向前元帅专程从北京赴广州，并要接见麦贤得。

一早，我同许曼曼细心地做好准备工作。不一会儿，魏院长和刘主任、海军的周科长他们都来了，教他如何上台、如何向首长敬礼、如何讲话、讲什么内容，周科长一字一句地教他。

8时多，我便扶着他上车，车一直开往市区的会场。

今天的大会规模很大，会场黑压压挤满人，约摸有五六千人。主席台正中挂着两面鲜艳的五星红旗，中间是毛主席的正面巨像，首长早已坐在主席台上。我们刚踏进会场，全场就响起了热烈而持久的掌声。台上首长都站起来了，用劲地鼓掌,两位英俊的解放军战士走来了,把我们带上主席台。

大会开始了,奏了庄严的国歌,接着只见一位首长宣读了国防部授予麦贤得"战斗英雄"的命令,并代表国防部把"战斗英雄"的奖状授给麦贤得,共青团中央的领导宣读了团中央授予麦贤得的"模范共青团员"称号的决定,并代表团中央把"模范共青团员"称号的奖状授给麦贤得。

我扶着麦贤得走上台前领奖,感到他身子在打颤,便轻声告诉他:"麦同志,沉住气,别紧张。"他听后,只觉他身子一用力,便自自然然地走上前去,他用左手行了个军礼,便把奖状接了过来。

这时,全场又响起了雷鸣般的掌声。

接着是首长讲话。

最后,主持会议的首长宣布让麦贤得讲话。

我又扶着他走上台前。只见台下几千双眼睛注视着我们。我心内也紧张得乱跳,心像要跳出来一样。这时,麦贤得倒是很沉着了,他说着并不清晰、并不连贯的句子,但意思终究表达出来了。他说:"首长,战友们,大家好!"说完,他又抬起左手向大家敬礼,台下又一阵热烈的掌声。接着,他又道:"感谢党,感谢毛主席。我做得不够,我要读毛主席的书,听毛主

▽ 1966年3月18日,徐向前元帅在广州接见麦贤得

席的话，做毛主席的好战士。"然后，他振臂高呼："中国共产党万岁！毛主席万岁！"这时全场再一次迸发出长时间的热烈掌声……

回到座位，我悄声称赞道："麦同志，你讲得好！"

他笑笑道："不好，不好，不够！"

萧小俏日记之四：第四次脑手术

★★★★★

5月3日

今天凌晨3时多，麦贤得突然大叫一声，四肢抽搐，呼吸停止。我马上叫许曼曼往主任办公室报告。不一会儿，刘主任就赶来了，接着魏院长、孙主任、吕主任都赶来了。他们紧急会诊，进行抢救，约摸3分钟又恢复了呼吸。我捏了一把汗。大家作了分析，认为产生这一情况的原因，考虑有三种可能：一是外伤可能性大，因疤纹形成及异物刺激可能致癫痫发作；二是脑脓肿已形成所致，但术后病人情况好，故不像；三是倘若脑内出血，病后是不会这么快恢复的。后两种可以排除。根据以前首次发生的癫痫病的脸部齿龈肿病的迹象，初定为癫痫病发作，服用Caimnel治疗，必要时作腰穿。

魏院长强调，癫痫发作既然发生了第一次，就可能发生第二次、第三次，明天防治癫痫方法要落实，医生不但每人要熟悉，因病情复杂，大家都要及时向刘主任汇报，孙主任要协助。要力争控制癫痫病的发作，保证按计划做摘除弹片的手术。

天亮时，大家便疲倦地离开病房。

我见麦贤得呼吸正常了，悬在心头的大石才落地。

5月10日

今天上午，魏院长在医院召开麦贤得手术动员会议。

魏院长说："根据麦贤得同志的身体恢复情况，院党委请示上报首长同意，定于本月18日为麦贤得同志作颅内弹片摘除手术和颅骨修补手术。手术方案自去年11月底就开始制定，现在定下来的是第六个方案，也是定案。这是经过本院专家集思广益，并征求全国有关权威专家定下来的。为了保证手术的成功，我们已请国务院派来权威专家，解放军总医院脑神经外科专家段国升教授、第四军医大学外科主任曾广义教授等前来配合。现在，离做手术仅剩下一周时间，准备工作很紧，各科室要各就各位，要认真细致地做好准备工作，要百分之百保证手术的成功。现在，党中央、毛主席、周总理都在关注我们，全国人民都在关注我们，每天的信件数以百计，有许多远方的朋友还从天南地北寄来治疗脑外伤和轻度瘫痪的秘方和一批批的慰问品，大家都有共同的心愿：早日把麦贤得的伤治好！同志们，这是压力，也是动力。我们这一次手术，实际是一场战斗，也可说是一场新形式的八·六海战！首长说，只能成功，不能失败！"说到这里，魏院长环顾一下到会的各科室正副主任。(我因是特护小组护士长也列席了会议)他又对着刘明锋主任道："刘教授，你是主刀，你发表意见吧！"

刘教授呷了一小口茶水，轻声细语道："我任主刀，感到压力很大，但有院党委的支持，有党中央、毛主席、周总理的支持，有全国人民的支持，有本院全体同仁的支持，有段教授和曾教授等专家的指导，我还是蛮有信心的，我一定尽最大的努力，保证一刀成功！"

他的话音刚落，大家便报以热烈的掌声。

我们深知，刘教授是从不说大话的。他对麦贤得这一手术，几个月来，已经花去了他的大量的心血。他几乎日夜都钻在主任室里面，有时盯着那密密麻麻的像蛛网一样的脑颅解剖图，有时伏在桌面上画着一个一个的头颅，瞄着刀口的位置。一个多月前的一天，人们都下班了，半夜里，我见到主任室灯光还亮着，我知道刘主任还在"攻关"，便跑过去催他该"下班"了。我来到他的窗口，看他弄来一个人体头颅标本，对照X光照片，根据麦贤得的头颅弹片的大小，刘了一块约摸1×2厘米的弯刀形弹片，镶进头颅里面，然后，用镊子用力一拔，拔出来之后又插进去，累得满头大汗。

我一见，便激动地道："刘主任，天这么晚了，你还不休息。"

他好似没有听到我的声音，口中只管唠叨道："深度2厘米，2厘米？准吗？"

我又不忍地喊道："刘教授，夜已深了，你可休息了。"

他这才反应过来："嘿嘿，小萧，这回可有把握了。"

"唉，其实也难说呀！"刘主任好像是自言自语，"压力太大了，中央首长在关注，全国人民都在关注，这是我平生中唯一一次感到压力最大的手术。虽然明明自己感觉蛮有把握的，但晚上双眼一合上，就觉得毛主席、周总理飞来了期望的眼光，全国无数双热切的眼睛盯着我，心跳就加剧……"他见我那专注聆听的脸孔，便歉意道："小萧，我谈得太多了。"

我斗胆宽慰道："刘主任，你一定会成功的！"

此后，他还坚持精益求精，夜夜都钻在主任室，都在训练拨弹片……我还听他的爱人黄姨说，他还常常钻进图书馆里面，忘了回来吃饭……

刘教授在大会上的表态，使大家放心了，也为大家共同打好这一仗鼓了气。

5月18日

上午9时，手术开始了。

我与许曼曼都抱着既兴奋而又担忧的心情，在办公室里等候。广州部队和海军的首长也在手术室的门口，向手术室投进无限关切的眼光。

"嗒，嗒……"时间一秒一秒地过去。

我多么希望手术室房门吱呀一声打开，刘主任高兴地说："小萧，手术成功了！"

我如坐针毡，把许曼曼拉在身边，双手抓住她那双洁白绵软的手掌，不自主地搓摸着，心突突乱跳。

"萧姐，你摸我的心。"许曼曼把我的手拉上她的胸前，按在她的胸口，那松软的胸脯急剧地起伏着。啊，小许的心跟我一样哟！

是的，同麦贤得在一起已近一年了。从他昏迷不醒住进医院，一直到能蹦蹦跳跳地在地上乱跑，能提几十斤的东西，能打球，能种树，能唱歌，能忆起童年的往事……这一切，花费全院同志们多少心血啊？！我同小许可说日夜守在他的身边，与麦贤得同呼吸、同命运啊！今天，手术成功了，麦贤得就完全跳出死亡线，不久就可以康复出院了！这一喜讯，将会牵动北京中南海毛主席、周总理和老帅们的心，将会牵动全国人民的心。如果手术失败了，那麦贤得的生命将不堪设想，国内国际的影响将不堪设想……

我双手紧紧地握着许曼曼的手，望着墙上的时钟："嗒，嗒……"时间一秒一秒地过去了……

下午3时40分，吱呀一声，手术室的门开了，医生们纷纷走出来。我见刘主任走出来了，我见他摘开那雪白的口罩，我注视着他那敦厚的脸孔，我希望他嘴角咧开——微笑着。

真的！真的！刘主任口罩摘开了，嘴角浮现出那微微的笑意了！啊，手术成功了!我紧紧地把许曼曼拥抱在怀里,我头伏在她的胸前,我哭了,我泪如泉涌,成功了!成功了!……

我感到脖子里嗒嗒的一阵温热,啊,那是许曼曼滴下的滚烫的泪珠……

这个手术,做了6小时45分钟。

幸福的日子

惜别依依出院时

也许是海滨风沙大,麦阿超走路养成了阔步疾走的习惯,从流花车站下车,抽不到一根纸烟的工夫,他已来到了坐落在流花客栈对面的军区总医院。他在门口小卖部买了两瓶炼乳、4包葡萄糖粉、12个红皮苹果,满满地装了一袋,提着径直往医院大门走去。

一位中年医生接见他,和蔼地问道:"同志,你是——?"

"是……"麦阿超迟疑了一会儿,便道,"是麦贤得房亲的阿哥。"

"噢……"那医生沉吟了一下,又问,"他以前认识你吗?"

"认识,认识,"麦阿超连声道,"在家乡时,他常常下海捕小鱼虾,我拉网泊,就很熟。我到汕头水运公司后,他在钩钓船上。到汕头卖鱼,也常常到我家串门,很熟。受伤前不久,他到百合婶家做客,我们还一起唱歌呢。"

"噢,那太好了!"中年医生用力拍一下大腿,脸呈兴奋之状,"麦同志,就这样,你先在这里喝喝水,我到里面交代一下,你十分钟后就到78145号房见他。"

麦阿超一阵欣喜,终于要见到阿得了!便连声道:"谢谢!谢谢!"

医生说完,便噔噔地走进医院去。

约摸十分钟后,那矮个战士便领着麦阿超沿着西面的甬道走去。

麦阿超沿着石阶一步一步走向病房。这里的病房倒也精致,门口种满了鲜花,有海棠、玫瑰、菊花,还有爬到半墙上的牵牛花,浓密如盖,有的还盛开着花朵。尤其是那菊花,叶绿如茵,花茎挺拔,含苞待放,有几朵已开了,有黄的,有白的,几只小蜜蜂嗡嗡地绕着花丛飞旋。这么雅致的环境,啥伤都会养好的!麦阿超心中赞叹着。

迎面就是护理室。几位长得活泼的护士站在柜台前,含笑望着他。麦阿超也笑着向她们点头:"医生,我看望我弟弟麦贤得。"

一位年纪大些的圆脸姑娘翘了翘那浑圆光滑的下颌,悄声道:"在东侧,78145号。"

麦阿超觉得,这里的护士怪怪的,说不热情吗个个含着笑;说热情吧?站那么多人,却没一个来带他去。麦阿超如坠五里云雾中。

他不管三七二十一,甩着大脚板往病房走进去。到门口,只见阿得一个人静静地坐在床沿上看书,便高兴地喊道:"阿得!"

麦贤得蓦地抬起头来,一见门口的麦阿超,只见他一个咯噔,霍地站起来,手中的书掉在床上,嘴唇颤了颤,叫道:"超兄,超兄!"便一跃跑过来,紧紧抱住麦阿超,一跳半尺高,"超兄,超兄……"

此时,麦阿超见到这小兄弟终于大难不死,而且动了那么多次的大手术之后竟能一眼就认出他,不禁眼泪流了出来:是喜泪,老天垂爱啊!他仰起脸瞧着麦贤得,也见他泪花泱泱,他紧紧地把这小兄弟抱着,连声道:"阿得,你好!"

"哈,哈,哈!"身后响起一片欢笑声,"成功了!成功了!"麦阿超转头一望,只见一群医生护士悄悄地拥簇在他背后,个个高兴得脸像开了花,那个中年医生上前拍着麦阿超的肩膀,道:"谢谢你,麦同志,因为你成功地配合,使我们的手术得到意外的验证!要不然,我们打算要专门回老家找一个半生不熟的家乡人来让他认一认,你一来,我们就不费力啦,真是老天相助!告诉你,你弟弟麦贤得同志手术经你的验证,可以充分地证明百分之百成功了!他取了弹片后,记忆力恢复如初,瞧,他刚才一眼就认出你了!哈哈!"

哦……原来医生刚才让他来验证阿得的脑力恢复状况喽!无怪乎没人在病房陪阿得,没人带他进来见阿得,医生们真是用心良苦哟!

"来,喝杯茶。"刚才那年纪稍大的护士递上一杯热茶。麦阿超接过来,说声"谢谢!"

"麦同志,"中年医生对麦阿超道,"你们兄弟久别,该好好谈谈。不管怎么说,中午我们医院请客,谢谢你的成功配合!""谢谢医生,我同弟弟谈谈就走,我还要赶路呢。"中年医生道:"饭后才走。"说完,便与麦阿超握握手,就带着医生护士离开了。

"阿得,头还痛不痛?"医生走后,阿超问。

"不痛,不痛了。"麦贤得连连答道。

麦阿超呷了两口茶,站起来,摘下麦贤得的帽子,用手摸了摸,见左脑骨没长毛发,便问:"伤在这里?"

"嗯,从这里取出弹片的。"麦贤得答道。

麦阿超又细细地端详:"咦,真怪,5月18日才取弹片缝伤口,眼下头皮已愈合了,医生真不简单。是谁主刀的?"

"刘主任,叫……叫刘明锋。"麦贤得有些口吃了,"就……就是刚才同你说话的医……医生。"

麦阿超觉得麦贤得语言还有障碍,就没有多问,只道:"你三餐吃得还正常吧?"

"嗯,一顿两碗,有鱼,很好!"

麦阿超又看看他的脸庞,见下巴甚饱满,一说话那些嫩肉一抖一抖的,知道他的吸收能力很好,便放心道:"你爸托我出差一定要来看望你。其实,我也很想念你。那天你在汕头医院时,那情形谁看后都担心,想不到还能活下来,而且恢复得这么快。该感谢医生和护士呀!"

"感谢首长,感谢毛主席、周总理,感谢医生,感谢护士……"麦贤得机械而又真挚地念叨着。

"好,好,"麦阿超怕谈太久了,影响麦贤得休息,便道,"你好好休息,身体恢复了,就回到汫洲湾看看家乡,散散心。"

"嗯,我要回汫洲,我要回去看海,看乡亲。"

门口一晃,一位身材修长的护士进来了,那护士一副佛脸,显得十分善良。她笑笑道:"同志,谢谢你的关心啊!"

"说到哪去!"麦阿超慌忙道,"应该谢谢你们,谢谢医院,谢谢党和毛主席啊。"

"超兄,她叫小俏姐,对我好,很好!"麦贤得情不自禁,连声称赞。

麦阿超又瞅了一眼,觉得很像不久前上映的电影纪录片里的那位护士,便道:"阿妹,电影里挽扶着阿得的护士就是你?"

那护士嫣然一笑,露出一口洁白的石榴齿,谦逊道:"这是我们应该做的。麦同志舍身卫国,我们做的只是平平常常的事呢。"

△ 刘明锋医师（右一）教麦贤得写字

　　已是农历七月了，晚饭后，西边的太阳还挂在树梢上，光线还颇强烈。院后的球场上，麦贤得和萧小俏正在打羽毛球。由于运动激烈，麦贤得满头大汗。
　　萧小俏穿着红色的运动服，额头上也细汗层层，背心湿透了一片。她喘着大气，把掉落在地的羽毛球捡上来，提议道："麦同志，歇歇吧，太累了。"说着，便从草地上拿了一条毛巾擦了擦汗，见麦贤得也走来了，她又一弯腰从地上拿了一条毛巾，丢了过去，"歇一会，擦擦汗。"
　　麦贤得满脸红扑扑的，三下两下，那条黄色的毛巾也湿透了。
　　歇了一下，萧小俏又提议道："麦同志，我们洗脸去，洗后，我陪你散散步。"
　　麦贤得还不过瘾，央求道："萧姐，再打一会儿吧。"
　　"不，"萧小俏慈爱地道，"走走，你明天要出院了，我想跟你聊聊天。"
　　"嗯。"两天前，刘主任已跟他谈了，告诉他身体已基本恢复了，首长研究后，要让他转往疗养院去。确实，刘主任、萧姐他们对他太好了，他真是惜别依依啊！明天就要走了，确实非跟萧姐聊聊不可，也该感谢感谢她。
　　他俩便走向西边墙脚的水槽边，萧小俏拧开了水龙头，就把麦贤得的毛巾洗了洗，拧干，递给麦贤得。麦贤得接过去，心内一阵感动：掐指算起来，自从去年8月15日自己不省人事

△ 广东省军区领导和汕头地委书记邹瑜到麦贤得故乡看望麦贤得的父亲麦阿记（前右三）和母亲林呖（前右二）

住进医院到明天出院，整整370天了。这370个日日夜夜，医院的全体医务人员，上从魏院长、刘主任，下至萧姐、许曼曼等护士，在他身上花了多少心血啊！吃喝拉撒，无微不至的关怀，像父母亲一样体贴。说具体些，他这条命也是他们给的啊！瞧，我这一手能抬几十斤的人了，竟连拧毛巾那么简单的事，萧姐还是争着做。或许这370个日日夜夜她做习惯了！想到这里，麦贤得的眼眶潮湿了。他接过毛巾，徐徐展开，望着毛巾那两朵洁白的水仙花，痴痴道："萧姐，你——水仙花！"

"扑哧！"萧小俏一听就笑——麦贤得又发呆了！瞧他呆呆地望着毛巾，便嗔道："快擦脸、洗手，别占位，等一会打篮球的人们歇了也要来洗脸呢。"

麦贤得听后，才用劲地擦擦脸，洗洗手，萧小俏又一把接过毛巾，洗干净，装进胶丝袋里，提在手上。麦贤得拿着球拍，两人并排着沿着西边丛林中的甬道走去。

丛林是一色的阔叶桉树，树上归巢的小鸟啁啁啾啾，晚风轻轻地穿林而过，空气格外清新。

"麦同志，你明天要出院了，住院一年多了，有啥感受？"萧小俏笑吟吟地问。

"同志们都很好，对我好，比家里的亲人还好。谢谢，再谢谢!"麦贤得的话语不多,但满脸的真挚,"萧姐,大翰兄好,我出院了,你要看他!一年!"

"嗯,是的,一年多了。我确实该去看望他了。"想起在远方孤岛守卫祖国海防的爱人大翰,萧小俏的心就酸楚楚的,他确实太苦了。这一年多来,首长曾多次安排她去探亲,但她就舍不得离开这位特殊病号——麦贤得。大翰一切都知道,反复写信表态道,要她好好照顾麦贤得,我们能在英雄身边工作,能为英雄的康复贡献力量,也是幸运的。大翰感情是真挚的,当她把麦贤得头部弹片取出的喜讯报告他之后,他还为此寄来了两块美丽的珊瑚石,一块送给她,一块送给麦贤得,表示衷心的祝贺呢。

"萧姐,大翰兄,问他好,来广东,汫洲走走,也有珊瑚,红珊瑚送他,很美!"麦贤得天真地笑着,好似这时候就陪着大翰和萧姐回到他的汫洲湾一样。

"麦同志,明天你就要走了,我有几句话跟你谈谈,可要记着。"

"是。"麦贤得认真地望着萧小俏那张白净清秀的瓜子脸和那双美丽的丹凤眼应着。

"你虽然手术成功了,肌体恢复都不错,但转到疗养院后,第一,要按照医嘱准时服药,那几种西药都不能停;第二,平时要多吃水果,保证大便畅通,不能便秘,特别是天气变坏时,更要注意;第三,你年轻气盛,脾气不好,平时要多看书,修养自己,有气时要控制住自己,发脾气会影响身体,主席说的,要戒骄戒躁……"

麦贤得听着听着,双眼已饱含着热泪,嗓门发颤道:"萧姐,你好!疗养院,看我呀!"

"嗯,"萧小俏心内一酸,眼眶也湿湿的,"阿姐一定会去看你的。"

前面,浓荫里露出一截白墙。路,渐渐到头了;天,渐渐黑下去了,但这对370个日日夜夜结下的特殊的战友之情,却天长日久,无尽无了啊……

毛泽东主席单独接见

★★★★★

"小麦,你怎的老是翻来覆去?睡吧,车上要两夜两日呀。你到北京,还有任务呢。"躺在对铺的艇长崔福俊,亲昵地对麦贤得道。

"艇长,睡不着,心跳。"麦贤得侧过脸,对着老艇长道,"艇长,你见过毛主席,他对你说了什么?"

"没说什么,人那么多,主席哪有工夫跟我说什么。我只觉得握住他大手的时候像触电一样,全身热乎乎的,泪流满面,心几乎要跳出来呢。太幸福了!"崔福俊又笑了,好像回到那人生最难忘的时刻。

麦贤得一听,心痒痒:"艇长,火车慢慢的,司机没吃饭?"

"别急,小麦,反正后天的这个时候我们就在北京城里了。"崔福俊说。

火车已驶进暮霭苍茫的京广线,一个劲地往祖国首都飞奔。

1967年11月29日下午5时许,在瑰丽的霞光中,麦贤得来到了魂牵梦系的北京城。

他们下榻在北京公主坟的海军大院招待所8号楼。

隔日,11月30日,大会隆重召开了。海军首长萧劲光、王宏坤……出席了会议。海军首长讲话之后,就由代表登台发言。

隔日傍晚,大会休息。崔福俊带着麦贤得和几位战友踏着京都金碧辉煌的灯光,在天安门广场上溜达。天安门实在太美了,人民英雄纪念碑、人民大会堂、历史博物馆、故宫博物院都在其中或周围。崔福俊来过,走到哪讲解到哪。不知啥时候,背后却跟来两位年轻的记者,他们也非常关心麦贤得,问这问那,有时还帮他们拍照呢。

"麦英雄,明晚,是你一生最最幸福的日子,你这时有啥感想?"一位挎着照相机的胖记者问麦贤得。是呀,首长已通知了,明天晚上,毛主席要接见他们,要同他们合影,而且,合影后还要单独接见他!这是作为一位普普通通的人民战士特大的荣誉啊!也是他人生最幸福的时刻啊!

"高兴,心要跳出来!"麦贤得实话实说。

说着,他们走往金水桥了。远远望着,毛主席的巨幅彩色画像就高高地悬挂在天安门城楼中央,那慈祥的脸庞,那温柔的眼睛激励了多少中华儿女奋发向前啊!

"毛主席、毛主席!"麦贤得拉着崔福俊,指着毛主席巨幅画像,惊奇地呼叫道,"艇长,毛主席、照片一样不一样?"

"一样,一样!很慈祥,很温和,对我们战士很爱护。"崔福俊兴奋地道。麦贤得啪地一个立正,向着那巨幅画像庄严地行了一个军礼。记者的闪光灯啪地一声亮了,照了一张"金水桥麦贤得和艇长崔福俊瞻仰毛主席画像"的难得相片,隔日便发表在《人民日报》上。

人生最难忘最幸福的时刻到来了!

1967年12月3日晚10时15分,在中华人民共和国的首都北京城里的人民大会堂,伟大领袖毛主席、周总理接见了麦贤得等4000多名海军代表,并同全体代表合影留念。

合影时,首长把麦贤得——著名的战斗英雄安排在第一排中间的位置,离毛主席、离周总理很近很近,他的两旁,大都是中央首长。他麦贤得太幸福了。这是多么崇高的荣誉啊!

闪光灯倏地亮了,一下,两下……这历史难忘、千载难逢的镜头在一瞬间定格了!

合影完毕,大家兴高采烈地目送着毛主席、周总理他们走出会议厅……

一会儿,首长又过来了,带着他往小会客厅走去。告诉他,毛主席要单独接见他,要瞧瞧他这"钢铁战士"是啥样子的!

他的心像闯进一只小鹿,突突地跳个不停。真的,自己从童年,从懂事起,就日夜思念着敬爱的毛主席。眼前,中国人民的大救星毛主席就要接见自己了!这是长夜喜梦吗?他用左手狠狠掐一下右手的虎口穴,不,很痛,不是梦!千真万确!

前面就是别致的小会客厅了。他迈开脚步,跟着首长走了进去。啊,毛主席!身材魁梧、神采奕奕的毛主席笑容可掬地站起来了，伸出那双巨手。麦贤得也把那双发颤、曾经操纵着战艇与敌搏斗的钢筋般的大手伸过去，毛主席的手握住他，多么温暖啊！麦贤得热血沸腾！

闪光灯一闪一闪地亮着，这是幸福的永恒的留影！

"小麦，你身体好得多了？"主席关切地问。

"好,好,主席好！我好多了！"麦贤得热泪盈眶,颤声答道。

"小麦呀，要用你的硬骨头精神战胜疾病，养好身体，为人民立新功。"

"是，是，主席，我要为人民立新功！"

麦贤得此时激动得喜泪满腮。他，太幸福了！太幸福了！

他不知道自己是怎样离开毛主席的，他如堕入那神奇的五彩缤纷的充满祥光的太空之中……

家有贤妻

→ 相 亲

☆☆☆☆

傍晚，吃饱饭后，麦贤得在房间里发怔。

明天就要相亲了。他深知，这次相亲与去年在汫洲湾的相亲有着本质的区别。这次，是组织已经做一年多的工作，女方全面了解了自己的情况，女方父母在基本同意的前提下，男女双方及双方父母至亲相约进行的，成功率较去年高得多。

能谈成功，能建立一个家庭，有一位贤妻照顾自己的身体，当然好处很多，因为人嘛毕竟有私生活呢，同志之间一些事是难以代替亲人做的。

房间门打开了，崔福俊和陈文乙走了进来，见麦贤得双手支着下巴，坐在床沿上发怔。

崔福俊便道："小麦，明天要相亲了，高兴不高兴？"

"唉，成还是不成？"麦贤得不知是问自己还是问老艇长。

"成，九分成！"陈文乙鼓劲道，"姑娘跟他父母亲友都谈拢了，你的情况我们一点儿也没隐瞒。相亲时，你不要造作，是怎样就怎样，谈吐举止自然就行。"

"是的。"崔福俊也一本正经道，"小麦，几天前我与小陈和李副政委一道往汕尾李姑娘家，又当面做了工作，把你目前身体的情况原原本本地都跟她父母谈了，他们都没有不同意见，同意前来当面谈亲相亲。他们是善良人家，父母都是孤儿，对党对祖国一往情深，这是基础。小陈刚才讲得有道理，你明天就照日常一样，是怎样就怎样，言谈举止自如就行了。"

"嗯。"麦贤得心内踏实多了。是的，两个月前，他俩还根据组织的意见交换了照片。他端详着她，只见她一条黑油油的长辫挂在肩膀，垂下脊背，一双会说话似的大眼睛，鼻翼高高的，那小巧玲珑而两边微翘的饱含笑意的嘴唇露出细小洁白的石榴齿，淳朴温柔的脸庞焕发出青春的活力。虽然那天打乒乓球仅是瞧了几眼,这回瞧这照片,更是真切。至于心灵嘛,她能瞧得起我这伤残的人,心灵一定像十五的月亮一样皎好的。她太美了,外表美,心灵更美!她太可爱了!他希望这场亲事能成功,能有这美丽而可爱的姑娘陪他终生,太幸福了!

"艇长,谢谢你,小陈,谢谢你!"麦贤得一股真挚之情溢于言表。

"贤得,你确实应该谢谢老艇长。他为你的婚事真是费尽心血了。一年多前,他到汕尾,就找书记老赵,就往姑娘家谈你的事,还跟娄姨磋商,跟水警区领导研究策划……"

"小陈,别讲这些!"崔福俊摆摆手制止道,"小麦,但愿千里姻缘一线牵,明天马到成功。祝你幸福!"

岩石海军招待所的小会议厅,一场特殊的相亲开始了。

矮墩墩的党委秘书余芝松主持了这场相亲。

厅里桌椅摆成长方形,余芝松坐在正中主席位置上,左边是麦家,有麦贤得、麦阿记、林呖和贤得的细舅林汉虎;右边是李家,有李玉枝、李城丁和阿添伯。中间摆上三盆嫩绿的万年青,生机勃勃。

余芝松笑眯眯道:"大家好,我们今天相约在这里相会,应叫相亲吧,也叫谈亲吧,准确应叫相亲谈亲恳谈会议。"

大家忍俊不禁,都抿出笑意。

余芝松继续说:"其实,今天不谈,双方的情况都基本了解了。我们组织都把双方基本情况向对方交底了。麦贤得同志和李玉枝同志其实也都认识了,而且也互送了照片,只是未当面谈话交流而已。这门亲事,自从前年底小麦的老艇长崔副大队长与汕尾镇赵书记谈起牵线以来,其实已跨越了两年的时间,由于小麦一段时间在冷水滩没能回汕头,近几个月部队工作又较忙,故一拖再拖。其实,这并非是坏事。婚姻嘛,是终身大事,并非是我家乡浮山圩买猪崽子一样——价钱谈妥就捉进猪笼嘛,马虎不得!大家冷却冷却,充分酝酿,亲朋好友多方协商协商,权衡权衡,把握准了,以后成婚了,和和睦睦,才是我们组织,当然也是父母亲朋的愿望喽!"

"对对!"添伯首先赞成,"余同志说得在理。这婚姻大事,马虎不得,马虎不得!部队首长做事真是比当父母的还精细呢!"

林汉虎也接声道:"是的,我甥儿阿得,生在这新社会,真是太幸运了!虽然为国流血受伤,但当兵人,受伤流血是正常的事。我姐也说过,如果当兵的不打仗,国家要招那么多的兵去吃闲饭?打仗便有伤亡嘛。要是旧社会那当国民党兵的,受伤了,丢在路边谁去管你?阿得受伤了,毛主席、周总理都那么重视,一个医院医过又送另一个医院,现在,不但脱离了危险线,而且恢复得几乎同正常人一样，还得了个'战斗英雄'的荣誉，受到党中央毛主席的接见、器重，真是麦家公祖有灵啊！今日，组织比父母还亲，还负责任，竟花费了苦工，到处帮他找对象，操办他的婚事，我这当舅父的，首先表示十二分的感谢！"

李城丁刚好坐在麦贤得的对面，会议厅的光线十分明亮，他仔细观察着麦贤得的脸庞，见那张脸孔跟不久前玉枝给他瞧的照片一模一样，只是精神得多了，长长而有力的剑眉下面那双眼睛透出缕缕威武之气，嘴大而阔，嘴角微翘，脸庞白净而丰满，看来是一副福相。

"添兄，你觉得怎样？"李城丁悄声问坐在身边的添伯。添伯轻声道："行，行！"李城丁又道："双眉很像杨子荣，有力，真有男子汉的气概！""嗯。"

"大家有什么谈什么吧。"余芝松又高声道。大家叽叽喳喳的私议声便停住了。

"我再把小麦的情况介绍一下，他的脑伤的后遗症状……"余芝松又重复说。

"算啦，余同志。"李城丁也是直性人，他打断余芝松的话，"我谈一谈吧，小麦的事，我们平时听广播知道一些，这两年来，部队首长也跟我谈了很多，他确实是一个英雄。当英雄的哪个不去冲锋陷阵？哪个不去牺牲不去受伤？不牺牲不受伤怎会成英雄？怎能配得'英雄'这个称呼？他因为受伤了，婚事才会三波四折，才会拖到今天。不然，按他这样的人才，不知有多少姑娘愿意跟他呢。我直性子人，直话直说。既然他受伤有后遗症，我女儿玉枝她愿意跟他，我们当父母的谁不担忧呢？我们都是旧社会的孤儿，没有共产党、没有毛主席救我们，我绝对没有今天这么多儿女，绝对没有今天幸福的家庭。我对她娘说，既然组织看中俺家玉枝，俺没什么报答党和毛主席的恩情，就当把一个女儿献给党，嫁给国家吧！"

大家一听，啪啪地鼓掌，赞赏这位心胸豁达开朗的父亲。

林呖感动得心酸酸道："谢谢阿叔，谢谢阿婶和玉枝！"

这时，李玉枝坐在凳子上，像坐在针毡一样觉得不自在。她心内不知是啥滋味，她低头扭着那乌黑的长辫，脸蛋儿红扑扑的，有时一抬头，瞟一眼对面的麦贤得，也见麦贤得的眼睛也盯住她，不禁心旌摇曳，巴不得这个"相亲恳谈会议"快快结束，当面与麦贤得谈谈，听听他学习和生活的情况。

"太好了！"余芝松见这场相亲将是功德圆满了，便道，"这么吧，现在分开谈谈，算作分组讨论吧。你们双方父母就谈谈，小麦和小李也可以单独谈谈。然后，就自由组合，岩石的山和海都很美丽的，大家边游边玩边谈，大家在这里多住几天，有什么谈什么。还需要部队组织帮助什么的，尽管提出来，只要组织能做到的，一定尽力而为！"

大家走出会议厅，麦贤得却还怔怔地坐着没动，像屁股生根了。李玉枝一见，也故意让大人们先出去，然后道："阿麦，我们一起往山上走走，行不行？"

"行，行，山顶很好玩。"麦贤得乐了，"后山，有松树、柳树，还有鸟。"

麦贤得走在前面，路高高低低，坑坑洼洼，他右腿伤，走得不自然，但步子快。李玉枝在后面跟着。无话。过沟，爬坡，她喘息急剧了，大气呼呼，细汗冒出来。

"阿麦，等等。"玉枝不禁唤道。

麦贤得回头一见，玉枝被撇下了两丈多远，便停下来，伸手采着路边的小松树的松蕾，"哎，松蕾，有籽。"他高兴得大嘴咧开。

玉枝大气呼呼跟上来了："阿麦，我们不是比赛登山的，也不是急行军，你别走那么快行不行？"

"嗯，我还没急走，正常走，我腿长。"麦贤得把松蕾一层一层地剥开，"哎，汕尾有没有松树？"

"瞧你这个人，认识没几天，就'哎哎哎'的，我名字叫李玉枝，今后就叫我玉枝，知道么？不准你叫'哎'。"玉枝半嗔半教道。

"知道，就叫玉枝。"麦贤得认真地点点头，"哎……"

麦贤得高兴得把手中的松树籽一把撒往草丛去，忽然，"扑啦"一声，草丛里飞出两只在陶情的鹧鸪，扑棱棱地飞上丈把远的一株大枫树去。枫树叶儿正红。

麦贤得蓦地扑进刚才鹧鸪钻出的刺蓬里，双手乱摸，不一会儿，他惊喜地呼叫："玉枝，玉枝，有蛋，鸟蛋！"说着，他手就高高举起来，捧着三粒赤褐色的鸟蛋，高兴得手舞足蹈的。

玉枝见他那傻乎乎的天真相，心甜醉。咦，真像一个无邪的小孩！

"别闹，阿麦，俺坐坐，谈谈。"玉枝提议道。

"坐就坐。"麦贤得很听话，双眼骨碌一转，见枫树下有一块大乌石，手一指，"那里，那里。"

玉枝怕路边谈话，草中有人，便道："阿麦，我们还是回屋里坐吧。"

"行，回去就回去。"

于是，两人便一前一后回到宿舍了。玉枝想，让他先开口，瞧他能说什么。半晌，他嘴巴像上锁一样，手又不停地摸那三粒鸟蛋，像和尚捏念珠。

"阿麦，你身体感觉怎样？"

"吃药。"

"工作忙些什么？"

"种菜。"

他说的就是短句，有问有答，无问无话，看来，阿麦语言确实有障碍。唉，就别难为他了。你瞧，他急得额头汗渍渍的。

"玉枝，鸟蛋给。"他亲热地把鸟蛋塞进她的手，"滚水煮，剥开，香！"

"嗯。"玉枝心头一热：他倒是很体贴人，要是婚后，细心护理，身体好了，会幸福的。她想。

 喜结良缘

☆☆☆☆☆

初夏的岩石海滨，军营的后面，满山披红挂绿；军营面前的海，因刚刚下了一场暴雨，海水混沌不清，而且韩江上游卷下来的枯干残叶，涌满了海滩。暴雨初霁，骄阳格外妖艳。

玉枝在码头下车，沿着绿树掩映的石路，沿东走往军营。走着走着，迎头已见那军营的大门，两个解放军战士在站岗，门口却有一个五十开外的婶子带着一个八九岁的小男孩，举头向这路口张望。她走近一瞧，原来正是麦贤得的母亲和他的小弟弟。

"阿妈，你好！"玉枝一见，高兴地飞跑上去。

"啊，阿枝你可来了！"林呖见走来的正是自己的新媳妇，高兴得心里乐开了花，"来了，终于来了！阿国，快叫，叫二嫂！"

"二嫂，二嫂！"阿国睁着大眼睛，瞧着眼前这个陌生的人——二嫂。

"你们都来了？早。"

"我来，还有你爸、细舅和阿国。其他人无得闲，算啦，反正部队通通安排得妥妥帖帖的，免用我们费心。"

玉枝挽住林呖的手臂，边说边走回营房去。

新房安顿在招待所的客房，首长早已安排了。他们走

△ 新婚的麦贤得夫妇

过去,见麦贤得也忙得满头大汗,在贴窗纸、墙纸。有两位战士在帮助布置新房。

傍晚8时多,海风轻轻吹,堤岸垂柳依依,大海浪涛呼啦呼啦唱着诱人的歌。军营灯火通明。新房里挤满了祝贺的战友。

今晚的婚礼,由麦贤得所在大队的老政委、现政治部张副主任主婚,老艇长、现副大队长崔福俊证婚,政治部邱主任也出席了婚礼,政治部还来了余芝松、徐干事等。一间房子满满挤了一二十人。

婚礼开始了。

张副主任乐呵呵地道:"麦贤得同志和李玉枝同志的婚礼现在开始,大家热烈鼓掌祝贺!"啪啪啪,大家一个劲地鼓掌。张副主任又道:"现在,请新郎新娘讲话。"

今晚,麦贤得穿着一套崭新的军装,胸前戴着一朵大红花;李玉枝穿着一件粉红色的确良上衣,穿着深蓝色的裤子,胸前也戴着大红花,小夫妻俩便站起来,双双走上前去,向主婚人张副主任和邱主任行礼表示谢意,又转身向一旁的老艇长崔福俊和战友陈文乙行礼,向贤得的父母亲行礼。然后,又向参加婚礼的全体战友行礼。麦贤得吃吃道:"谢谢首长,谢谢战友,我……我真高兴!"说完,一股热泪流了出来。

李玉枝接着道:"我……我要说什么呢?"她脸庞红透了。

"贤得他是特殊的人,我对他的爱也……也是特殊的爱!……"玉枝此时要说的话太多了,但她不知从何说起为好。

张副主任又宣布道:"现在就由余秘书主持文娱节目。"

余芝松耸耸肩膀,厚嘴唇堆着笑意,他乐滋滋地上任了。对主持婚礼他还有一手呢。去年以来,军营里有几对结婚的,都由他主持这联欢节目。

今晚,余芝松没按老规矩,让新郎新娘面对面对咬吊在空中的喜糖,因麦贤得的口舌还不灵便,首长又交代别闹得太过分。于是,他出了特殊的一招。

"下一个节目,由新郎新娘各自独唱一首革命歌曲,好不好?""好!"大家欢乐地高声表示支持。

麦贤得想了想,便站了起来,整了整衣服,清清喉咙唱了《沙家浜》的唱段《高山顶上一苍松》,只听他唱道:

高山顶上一苍松，
　　巍然屹立傲苍穹。
　　八千里风暴吹不倒，
　　九千个雷霆也难轰。
　　……

　　他吐字并不那么清晰，但满腔热血，满腔正气，声如雷霆，震撼了人们的心。只见邱主任与张副主任对视一下，张副主任伸出手，轻轻地揉着眼睛。

　　接着，轮到李玉枝唱了。唱什么呢？她知道今晚这场婚礼之后，她的双肩担子的斤两。她将要承担的责任，这是普通的新媳妇难以想象的啊！她决不退缩，她霍地站了起来，挺起胸膛，她唱了京剧《智取威虎山》的唱段《专拣重担挑在肩》：

　　共产党员，时刻听从党召唤，
　　专拣重担挑在肩。
　　明知征途有艰险，
　　越是艰险越向前。
　　……

　　林呖望着这如花似玉的新媳妇，跟她的阿得相亲相爱，一股暖流遍布全身，觉得眼睛有些模糊了，她高兴得哭了：孩子，你太幸福了！

　　老艇长崔福俊听着听着，长长嘘了一口气，赞叹道："小麦，你终于有一个幸福的家了，日后的路子还长呢！祝你们幸福，祝你们偕老百年！"

 麦贤得心曲：今年的春节不欢乐

☆☆☆☆☆

　　我真讨厌这鬼天气，满天都是雨丝和白雾。过新年，理该晴天才对呢。

　　玉枝这个人，好是好，但女人终归是女人，办事忸忸怩怩的。出门便出门，就要梳辫子呀抹香油呀。不然，早些出门，早就到葫芦市了！瞧，这回雨点又大了。

唉，也不能全怪她。那黄干事夫妇同那个穿开裆裤的小崽子也要跟着去。忙了半天，那小崽子还钻在被窝里，爬起来了，也跟着大人一样刷牙呢。那几个老鼠齿，刷与不刷都一样的！要出发了，又闹着"要拉大便！"拉他妈的头！一进厕所门，一蹲就半天，好好的天气也给拉下雨呢！真该死的小家伙！

这回，可就坏了。整个天空像破漏斗一样，雨稀稀拉拉地下。这回，注定要在这鬼山窝里过一个窝囊年了！

还是李玉枝坏。当家属便当家属，却像"统战部长"一样，战士呀家属呀，大的小的都搞"统战"，都要"团结一致"的，还说得美："远亲不如近邻，你身体不好，老麻烦大家。"明明昨晚与玉枝谈妥了，正月初一上市区军分区司令部为杨参谋长拜年。杨参谋长对玉枝好，原来听说挂职在海丰当县委书记的。听说我们结婚了，他还送了礼物贺喜，还称赞玉枝高尚的品德。这样的首长，值得尊敬，去拜访他，我乐意。最重要最重要的，我还要去问他一个重要的问题呢。

就是说，我被树为"战斗英雄"，是毛主席、周总理同意的，八·六海战的功臣十一个代表，都受到了毛主席、周总理、邓小平等许多国家领导的接见，国防部也是中华人民共和国的国防部，并不是林彪一个人的国防部。我这个"战斗英雄"的命名，是毛主席、周总理同意的。命名之前，贺龙元帅、叶剑英元帅、徐向前元帅还来考察呢！怎的，林彪叛国投敌了，与我何干？我并不认识他，他叛国投敌我也要打倒他呢！如果他不死，我还要用战舰大炮轰他呢！可气的是，有人说毛主席接见我时林彪在场，《人民日报》的照片上有见到毛主席同我握手时林彪也在旁边。这就怪了，林彪要在，要挤上来，我能叫他走吗？接见也只是十几分钟的事，毛主席问我身体好吗？要我养好身体，为人民立新功。我就认定毛主席这两句话。我就不管他林彪在场没在场！如果说凡是同林彪在一起的人就坏，那天下的坏人不就太多了，主要还要看人的本质。我不坏！我打敌舰，受伤了，毛主席器重我、接见我，是对我的鼓舞和鞭策，是我的一生最最幸福的时候，与林彪何干？！

有人问我，我说你自己去问林彪。你对八·六海战都怀疑，你不配当人民海军！

我的想法是不会错的。崔艇长也鼓励我：你的英雄是真的，头脑的弹片能假吗？毛主席亲自接见能假吗？别管那些闲言杂语，安心养病。但可气的是，在这山旮旯里，养病空气好是好，只是人心内苦闷了，就没有知心的老领导老战友，水平高的人，像崔艇长这样的人可以谈吐心曲，真苦闷。

玉枝来了，她是我的妻子，但部队的事她不懂，只知叫我食药、食水、食鸡蛋、食青菜……把我像养牲口一样养。我有头脑呀，我有思想呀，我心内苦闷呀！我要问她，要说给她听，一些部队的事，又不便告诉她。她要带我去见杨参谋长最好。他是首长，职务高，水平一定也高的。我可以把一些想不通的问一问他。

可是，这鬼小崽子，这鬼玉枝，这一拖拉，就把老天拖拉下雨了。哼，这回可去不成了！我头有些痛了，胸腔里一股怒火在猛烈地燃烧着，我觉得李玉枝很像国民党一样，太可恶了！

她从小崽子家出来了。她说："阿麦，这天气坏，今天不能出门了。"

怒火在胸膛中燃烧，熊熊火舌冒上咽喉，冒上脑际了，冒上头发去了。我不能控制自己，我大吼道："坏，你最坏！你是国民党！"我狠狠地把那张竹椅子一踢，飞出门外去。我又跑往床里，把她的行李袋抓起来，摔往门口去："李玉枝，你坏，你……我要跟你离婚！你是国民党！"我破口大骂着，还骂了许多许多，我不知道我骂了些什么了……

我头痛得很厉害，喉太干了，我不能开口了……我倒在床上了。隐隐只听到李玉枝哭了。

不一会儿，我的喉咙一片湿润，一股清甜的水流进来：啊，李玉枝给我喂水，她眼中还含着泪啊……我的好妻子！她不坏，她是大好人哪！

今天，玉枝她要回汕尾了。不知怎的，我的心像浸透了梅子汁一样——酸透了！

我的头不会痛了，我恍惚想起那天痛骂她的事，心里十分内疚。天下哪有像玉枝这样好的妻子，尽管我怎么地骂，怎么地不讲理，怎么地发脾气，她都忍气吞声，没回我一句话。骂痛了，她只管独自流泪。唉，那天，我不该骂她是"国民党"。是的，国民党太坏了。她那么爱我，那么关心我爱护我，怎可骂她是国民党？！我也不该提离婚。是的，这样好的妻子，离了以后怕再也找不到了！幸得她没答应我呢！唉，就怪自己这脑子，这脾气，胸中一燃烧起怒火，就地塌山崩，什么话都骂，我以后要控制自己呢！

嘻嘻！昨晚听玉枝说，她肚子怀有孩子了，太好了，我也有孩子了，我有种了！以后，若生下一个男娃，就更好了！不，生女娃也行，女娃听话，我说什么就听什么，不会气我。不，还是生男娃好。生男娃，长大就送他当海军，也上英雄艇去。接过我的班。我眼下身体不好，不能上战艇。毛主席叮嘱我要养好身体，要为人民立新功，不能上战艇，就不能干轰轰烈烈的事业，当然学雷锋做好事，也行。但没上战艇那样来劲，再打一个八•六海战来劲！真是的，生个男娃就可以接我的班。

她李玉枝真行，也能怀娃娃了！以后，我真不能发脾气了，要好好对待她，让她也感到幸福。不然，跟我这样的人，身体不好，刚结婚，有的人还说长道短的，连我受毛主席接见也可指责，她也跟我受屈，她太亏了！

今天，天空晴朗，太阳早早就出山了。我送玉枝到路口，她眼眶红红的，唠唠叨叨叮咛我：要注意身体呀，要忍性别发脾气呀，还悄声道："阿麦，你可要想开些，别苦闷，总有一天毛主席会说公道话的。"

"是的。"我点点头，"我就相信毛主席。"咦，玉枝知我心！

我问："玉枝，你哪时会再来看我？"

她告诉我，她工作闲时就来看我，来侍候我。那时，或许就带着我们的小毛毛来呢！

嘿嘿！玉枝也抿着嘴笑了，笑得很开心。她笑很好看，我越看越爱看。可是，她摆摆手，走了。走在那弯弯而长长的山间小路上。我高声呼唤道："玉枝，你可要回来看我哟！"

玉枝走远了，没听到。

路边柳树上有鸟儿吱吱叫。真讨厌，多嘴的家伙！

 麦海斌：这个爸爸真怪

★★★★★

我的爸爸与人家的爸爸不同。人家的爸爸都与妈妈和孩子住在一起，而我今年 8 岁了，我爸爸才到汕尾家三次。听说第一次是我出世五十多天的时候，听说他跟我玩得真快乐。后来小姨告诉我，爸爸那次还同人家打架呢。爸爸是大人了，听说是军官，为什么还跟人家打架呢？小姨说，爸爸是抱不平，打坏人的。那时我想，爸爸一定是爷爷讲的梁山泊那些叔叔，专门仗义行侠的。爸爸第三次来汕尾家，我印象模糊，似乎是穿着海军军装，很威武。那时我 5 岁了，他带着我满街跑，还有一个叔叔跟着呢。他会装猫声、狗声、老虎"唬唬"声，我被逗得直乐。后来，我曾跟着妈妈一起往爸爸部队去。爸爸住在山沟里，那里有许多古古怪怪的山：有的像老虎，有的像长龙，有的像大象，还有的像小松鼠……爸爸有空就带着我和妈妈钻进山林里，有时捉迷藏，有时找草药。但是，我很怕他，他有时不明不白地发脾气，骂妈妈。

一次听妈妈说，爸爸被派往农场劳动去。要带我去看望他。我不解地问："爸爸身体不好，是英雄，怎么还要劳动？"妈妈叹了一声道："阿斌，你不懂，等你长大了才知道。"

后来阿妈告诉我：那几年英雄模范都不吃香了，报纸、电台很少宣传。你爸那几年有人说他是林彪树起来的假英雄，要他反省错误，写悔过书。他语言有障碍，还要接受无休止的辩论，他就气病了。你爸在战场上被弹片击中头部,脑浆蒙住双眼还不曾流泪的英雄,在这和平时期流泪了,不是因为身体的痛楚,而是心在流泪啊!阿爸他病得很重了,什么都不吃,我们马上去看他……

我跟着阿妈往二百多公里远的深山里,阿爸躺在一间破烂的单身宿舍,屋里只有一架煤油炉。我跑了一天肚子饿了,哭闹着:"妈妈,我饿了,我饿了……"家中什么也没有,阿爸躺在床上不会动弹。一会儿,姑姑来了,带了几包麦片,煮给我吃。我因太累,吃饱饭就睡了。半夜里我被尿憋醒了,嚷着要"尿尿"。妈妈拉亮电灯。却把爸爸惊醒了,他暴怒起来,怒吼道:"滚,滚回汕尾去!"并把阿妈和我撵出屋子,他嘣地把门关上了。阿妈抱着我,蹲在门口。记得那时是寒天,我蜷缩在阿妈怀里,渐渐睡去了,但不知道阿妈那晚是怎样过的。隔天醒来,我见阳光照在阿妈那憔悴的脸庞上。

爸爸开门了。他好像气消些了,好像他也有自愧感,要同我和好,伸手要抱我:"阿斌,爸爸抱。"我吓得哇哇地大哭了。妈妈抱着我回到屋里。阿妈边煮饭边哄我道:"阿斌,爸爸很疼爱你的,是他昨晚头痛不认得我们了,发脾气了,才赶我们出门,没事的,让爸爸抱。"我怯怯地挪过身子,爸爸抱着我。用满腮的胡子扎我的脸蛋,至今想起来,我还发抖呢!以后,妈妈要去看爸爸,我就再也不跟去了。我说我怕爸爸。以后就小妹妹跟去。回来我悄悄问小妹妹:"阿珊,爸爸打你吗?"阿珊摇摇头说:"爸爸不打我,抱我,他当老马,让我骑呢。"我觉得真怪,又问:"你怕他吗?"阿珊点点头,"怕他,很怕。他要骂妈妈,妈妈不哭,我哭了。他很凶,我怕。"

明天就要搬往爸爸那里去了。妈妈说,你要读书了,汕头学校教学质量高、条件好,想让你在汕头学校念书。我真怕爸爸,我不去。我在汕尾念书就行,我多用功就行。妈妈又劝我说不行不行,你爸爸身体不好,我们也要往汕头去,你能上学念书,妈妈一边工作一边照顾爸爸,不然爸爸太辛苦。姥爷姥姥和二姨小姨都劝我:"阿斌乖,听妈妈的话,往爸爸那里去,好好念书,帮助照顾爸爸。学好知识,长大也同爸爸一样参军当英雄。"英雄是什么呢?爸爸当英雄,我是早就听小姨讲的,说爸爸年轻时很勇敢,开战艇打美国佬国民党,受伤了还打,毛主席、周总理都接见过他,称赞他是英雄。英雄就是很光荣。他的病是打仗中受伤所致的。我想,既然这样,就听妈妈的,往汕头去。

爸爸对我和阿珊的学习要求很严。他不知在哪里买了描红簿,硬要阿珊描,没凳子,他就动手制作了一只小凳子给她坐,买了一张可以折合的小桌子,他站在她身边指导。我的桌子和小凳子都是从汕尾搬来的。我做作业时他也老是站在我的身后瞪住我,口里叽哩咕噜的,不知说的是什么。明明一道数学题要解了,却被他一嘀咕思路就乱了。一次,我吃饱饭后正在写生字,他也与往常一样钉在我身后,口中念念有词,我干脆不听。写着写着,忽然,只觉他大手按住我的脑袋,直往桌面按,似乎骂着:"要低,就低下去吧!"我头颅被按得很痛,气得哇哇大哭了,丢下铅笔,跑进房里找妈妈告状:"爸爸打我呢!"妈妈问明因由,向我解释道:"阿斌,刚才你写字头太低了,他怕你长期下去眼睛会近视的,眼下城里人的近视眼很多,他在背后念叨着要你头抬高,你没抬高,他就按你的头,骂你'要低,就低下去吧!'你爸是要你好,只是语言表达不清楚,你听不懂,他就发脾气。你谅解他吧,以后写字头别太低。知道么?"我点点头,说:"妈妈,阿爸确实是要我好,但伸手就动武,我又不是敌人,我不服他!"我撅着嘴,再不理阿爸了。

我不理他,他却偏偏要来理我,经常来翻我的书包,检查我的作业。我在做作业时,他照样站在一边,照样嘀咕着。哼,真讨厌的,这个爸爸!

中秋节到来了,爷爷到汕头看我们。阿妈买了许多月饼。那天晚餐加菜了,煮了很多菜,有鱼有猪肉、鸡肉,全家人高高兴兴地围拢在一起吃团圆餐。阿妈说,今年的中秋节最幸福,月圆人也圆,全家都在一起团圆赏月。

我拿起饭碗,喝了一口鱼汤,又见眼前的一块鸡腿,就挟了放进碗里。阿爸骂我:"阿斌,礼貌,给爷爷!"我张眼望阿妈,阿妈马上堆着笑脸道,"阿斌,阿爸说得对,要礼貌,尊重老人,

▷ 20世纪80年代初麦贤得全家照

让爷爷。"爷爷却马上道："不，阿斌乖，你吃，吃后好好念书。"我正在犹豫，只觉"嗖"的一声，爸爸伸筷子把我碗里的鸡腿夹回盘里去，我一见，委屈地哇哇大哭。

爷爷见状，气得胡子翘了。只见他霍地站起来，高声训爸爸："阿得，你当什么父亲？孩子高高兴兴过中秋，你要教孩子也要有年有节，平时你骂你打，我就有气了。谁像你这样教孩子？乱弹琴！"

这时，我见阿爸脸憋得通红，大手狠狠一挥，冲着爷爷破口大骂："坏蛋，大坏蛋！我的孩子，我不教谁教！"

我吓得又哭了起来。阿珊一见，也哇哇地跟着哭了，边哭边挽着妈妈的衫裾："妈妈，妈妈，我们回汕尾去，回汕尾去！"

爷爷气得脸白了，口中念念有词："滚，我就滚，我再也不见你这个儿子！"爷爷边说边收拾了自己的衣服就跑出门去。

阿妈放下我和阿珊，追了出去，不知把爷爷送往哪里去。很晚，只见她疲倦地回家来。

阿爸又病了。听阿妈说，那晚阿爸又发病，闹了一晚。隔日清早，阿妈早起，洗了被褥，整整晾了两条竹竿呢。

 # 只有妻子最相知

☆☆☆☆☆

她上班的盐务局就在中山公园大门的对面，门口有一道清洌的小河，公园里清新的空气随着轻风一缕一缕地飘溢进她的办公室。

家务超负荷的劳累，并没有把她累垮。她照样承担起她负责的工作——人事科分管劳动工资报表、退休工人投保等工作。她刻苦钻研业务，既细心又认真，对领导交给的任务，除了"下乡处理业务"（离开家不能照顾麦贤得）这条没法执行外，其他概不含糊。由于她工作认真，处理的报表井井有条，极少出差错，年年受到领导的表扬。原来有的人担心她的家务，一个担负照顾一等伤残军人的家属，上班怕是"当挂名干部""白领工资"的顾虑被李玉枝那也是"硬骨头"的精神和行动消除了。人们不得不对她肃然起敬：真了不起，好个李玉枝！

此时，年关将近了，要做年终报表了。李玉枝忙了一个上午，瞧瞧手表，见已是下班的时候，便背上袋子，匆匆地下楼上市场买菜去。刚到门口，管门的大伯就叫住她："玉枝同志，有信。"李玉枝便走进门房去。接过信，一瞧，见信是湖北省秭归县水泥厂寄来的。她觉得甚异，"湖北秭归县水泥厂？"无亲无故，素无往来，怎的来信？她连忙拆开，那滚热的语言，那真挚的语言跃进她的眼帘：

尊敬的玉枝姐：

您好！请代问候全家人安康！

今天，我们有幸能在《解放军画报》上再幸福地见到了麦贤得叔叔的照片，心情别说有多高兴，多激动了！我们永远不会忘记，麦贤得叔叔是在一次海战中负伤的，他那顽强的英雄风姿一直成为我们心目中可爱可亲可敬的崇拜形象。至今我们仍然相信他、敬佩他、崇拜他。目前他的身体恢复怎样？在此，敬请你代我们转告麦贤得叔叔最深深的问候！深深的鞠躬！我们八十年代的年轻一代不会忘记英雄的光辉形象与献身祖国的崇高精神，一定用英雄的高尚情操来勉励志向，在"四化"建设中多做贡献。最后，请原谅我们的请求，敬请你能把麦贤得叔叔的单人照片寄一张给我们，以表达我们的一片思念之情。

致

礼

秭归县水泥厂486名青年
1986年11月10日

这可是李玉枝同麦贤得结婚十四年来，收到的第一封热情洋溢的问安、思念信啊！真是字字情、声声情啊！李玉枝瞧着瞧着，热泪缓缓地涌出眼眶，沿着两颊潸潸而落：阿麦啊阿麦，玉枝为你庆幸，我们祖国的人民不会忘记你啊！

是呀，这二十多年来，阿麦能活下来，原来一月半月就要发作一次癫痫病，自从他们母子来汕头后，经过精心护理，目前已减少到一年偶尔发一两次病了。虽然家庭时而有波有浪，但终究还是平平安安，一对儿女渐渐健康成长了。一个一等残废军人，能有这样的幸福家庭，这一切，里面有着玉枝多少心血和汗水、多少屈辱和辛酸？这一切，谁知道呢？！

她回到家里，见阿斌和阿珊已放学回家了，便把他们叫到跟前，道："阿斌，阿珊，妈妈给你们一件东西。"

兄妹俩见妈妈郑重其事，诧异地睁着大眼睛。

妈妈递过那封信，道："阿斌，你念，让妹妹也听一听。"

阿斌把信纸展开，一字一句地念着："尊敬的玉枝姐，您好！请代问候全家人安康……"念着念着，他两眼渐渐地蓄满泪水，双手颤抖个不停。阿珊懂事，听着听着,也满脸垂泪,哽咽了。信终于念完了,阿斌一头扑在妈妈怀里,阿珊抱住妈妈的双腿,兄妹俩"呜呜"地痛泣着,阿斌呜咽道:"妈妈,有这么多叔叔想念爸爸、关心爸爸。爸爸真光荣,你爱爸爸是对的,我错怪您了!"

玉枝抚摸着孩子的头发,长长舒了一口气,深情地道:"孩子,只要一个人为人类做了有益的事,人们是不会忘记他的!"她端详着自己一把尿一把屎抚养大了的儿女,招呼他俩坐下,一个坐在床沿上,一个坐在凳子上,她缓缓地道:"孩子,你们都长大了,阿斌你已13岁了,阿珊你也8岁了,该懂事了!今天,妈妈就给你们认认真真讲一个故事吧。"李玉枝停了停,便凝神地望着那闪光的电灯,讲述道:"二十五年前的8月5日夜,美制国民党军'章江号'和'剑门号'袭扰我东山海面,我们的海军奋起痛击。战斗中有一个战士,被一块罪恶的弹片打进脑颅里,他的脑髓流出来了,鲜血和脑髓糊住了双眼,他昏迷倒下去了。但是,一阵阵的炮声又把他催醒了,他感觉到敌舰还未打沉,战斗还没结束,这个战士便以钢铁般的意志爬了起来,他从地上爬着爬着,他发现战艇的四部主机停转了三部,他岗位上的两部主机都停了,他便从后机舱中一步一步地爬回前机舱,穿过了一个正常人也难以穿过的只有四十厘米高的舱洞,回到自己的战斗岗位上,从几千颗螺丝中找出了一粒松动了的螺丝,便用扳手拧紧,坚持操纵轮机,一直坚持战斗三个多小时,坚持到打沉敌舰,才倒下去……他被救回医院后,一直昏迷了十多天,在毛主席、周总理和老帅们的关怀下,经过全国医学家群策群力,先后动了四次脑手术,用了近一年的时间,才把他脑内的弹片取出来,抢救了他的生命,他留下了后遗症,一直坚强地活下来……可以这样说,他的生命是党和人民给他的……"

"妈妈,"阿斌和阿珊听着听着,已泪流满面了,"这个叔叔是谁呢?"

"他……他就是你爸爸——麦贤得!"

"啊——爸爸!"爸爸真是一个英雄啊!阿

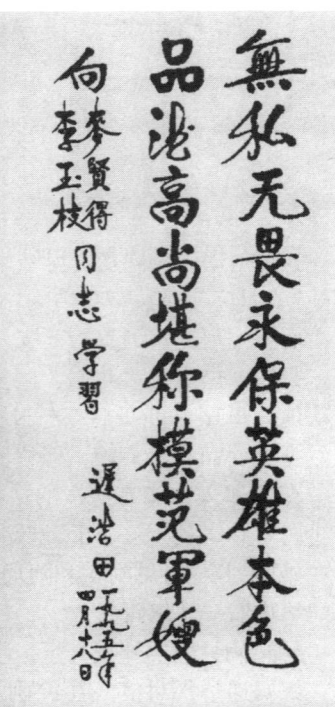

△ 迟浩田为麦贤得和李玉枝同志题词

珊似懂非懂,她问,"妈妈,爸爸这么厉害,老远的叔叔才写信来呢。我知道!"

"唉——"玉枝长长叹了一声,黯然道,"孩子,在妈妈还当姑娘的时候,那时的广播常常播他的名字,报纸也登他的名字和照片,还有毛主席接见他的照片,他在医院的时候,一天就收了七百八十封信呢……哦,对了,来,我让你们看一件东西。"

玉枝说着,便找了钥匙打开了老柜,拿出珍藏的相集,因为里面一张照片,毛主席接见麦贤得的照片,有林彪在场,她不敢拿出来,这时候,她觉得应该让孩子们瞧瞧了。

她打开照片,翻开了第一页。是毛主席接见麦贤得的,阿珊眼尖,一眼就认出爸爸:"啊,爸爸!"又翻开了一页,是头上裹着绷布的麦贤得,在广州医院,董必武和陶铸看望他的照片,阿珊又嚷道:"爸爸!"又翻开了一张,是贺龙、叶剑英元帅看望麦贤得的照片,阿珊又惊喜道:"爸爸,都有爸爸!"

 ## 小翠园春早

★★★★★

麦家门口用篱笆拢起来的小园子,名叫小翠园。

真是春暖花开了!

这天中午,李玉枝接到一封从北京人民海军领导机关发来的信,她拆开一看,高兴得跳了起来,连声道:"阿麦阿麦,你过来看看,海军首长写信来了。"

麦贤得正在小翠园为花木除虫,一听,连忙放下剪刀,蹦蹦地跑进屋里,夫妻俩头挨着头,认真地看起来。原来,这是人民海军司令刘华清、政委李耀文的来信——

麦贤得、李玉枝同志:

来信收悉,你们全家近况很好,深感欣慰。来信谈到部队领导和人民群众对你们很关心,这说明在我们国家里,一个人,只要他为国家和为人民做出了贡献,党和人民永远不会忘记他。麦贤得同志当年为人民立功,这既是你们全家的光荣,也是人民军队的光荣。麦贤得同志在海战中的英雄行为,体现了我军一不怕苦、二不怕死的革命精神。二十多年来,麦贤得同志有功不居功,始终保持着爱党爱国、勤俭节约、尊重老人、讲究军容等可贵的品德,做了大量的力所能及的工作。这种精神永远值得海军指战员学习继承,发扬光大。

玉枝同志十五年如一日,不辞辛苦,悉心照料麦贤得,做出了很大牺牲,表现了中华妇女的传统美德和当代军人妻子高尚的精神风貌,令人敬佩。对玉枝同志的辛劳,谨致谢意。

以后的生活道路还很长,希望你们互相帮助,共同努力,抚养教育好孩子,继续保持和发扬光荣传统,为党和人民做出新的贡献。

祝身体健康,生活愉快。

刘华清　李耀文
1987年6月1日

夫妻俩双手托着信,他的手颤抖着,她的手也颤抖着。这可不是一张普普通通的信件,这可是一张平反昭雪书啊!在那动乱的岁月,麦贤得这个一等伤残军人,一个发病起来神志就混乱的战斗英雄,一个日常生活中要有专人护理的人,竟也逃

△ 麦贤得在小翠园里与和平鸽一道沐浴着灿烂的阳光

脱不了极"左"思潮的厄运，无缘无故被扯上"林彪树的假英雄"的莫须有罪名，而这仅仅凭着毛主席接见时有林彪在场这一依据，就更是风马牛不相及了。麦贤得是打出来的真英雄，是曾受到毛主席、周总理、贺龙、叶剑英、徐向前、董必武、陶铸等党和国家领导人接见、看望、赞誉的"钢铁战士"。在那动乱的年代，这位英雄的名字和事迹，电台没听到声音，报纸没见到影子，他成为一个"助理员"管农场、养猪，几度几乎濒于绝境。在这漫长的十五年中，虽然部队、地方广大的指战员和人民群众，对这真正的英雄、炮火打出来的英雄，尽管在人妖颠倒的时候，仍默默地爱护着他，但他时刻牢记毛主席的教导"养好身体，为人民立新功"，保持英雄的本色，做自己力所能及的事。而李玉枝为战斗英雄做出了终身的奉献。与他结婚的时候，也是他最艰难的时候，但那"假英雄"的阴影，也时时刻刻袭扰着他们夫妻那洁净的心灵，特别是在那60年代初的壮烈场面和眼下这时冷时热的情景，反差太大了。是真英雄还是"假英雄"，夫妻俩多么希望部队首长、中央首长给一个说法啊！一个月前，夫妻俩商量后，便向海军司令刘华清和政委李耀文去了信，他们在信中向首长汇报了这十五年来的风风雨雨，把部队指战员和地方党政关心他们的情况，麦贤得的工作、学习、生活情况和家庭孩子们的情况都向首长汇报了。没料到，这么快，首长就在百忙中复信了！

　　麦贤得、李玉枝望着这从遥远的北京海军大院里飞来的信，这满纸关怀、满纸赞赏、满纸期望的温热的信，夫妻的眼泪再也忍不住了，潸潸地流淌下来。

　　李玉枝望着门口小翠园那株苍绿的芭乐树，新春刚发的新枝已长半尺高了，她不禁长长舒了一口气：真的，春天真的到来了！

　　春天真的到来了！这年——1987年7月底，中国人民解放军英雄模范代表大会在北京召开了，麦贤得作为代表，由李玉枝作陪双双飞往北京城，新老英雄欢聚一堂，几年的思念在一个早上实现了！这不但是麦贤得的春天，是全国新老英雄模范的春天，是中国人民解放军的春天，也是全国人民的春天啊！7月31日，党和国家领导人接见新老英雄了，麦贤得夫妇多么高兴啊！瞧，邓小平主席来了！还有叶剑英元帅来了！麦贤得太高兴了，当年邓小平总书记同毛主席以及刘少奇主席和周总理接见八·六海战功臣时,他还在医院昏迷不醒,失去了机会,这时,终于受到邓小平主席的接见了。真是太高兴了!叶剑英元帅,还像当年往医院看望他的时候一样神采奕奕,只是老了,他也太辛劳了!麦贤得又一次热血沸腾,像当年受到毛主席、周总理接见一样热血沸腾,他的热泪再一次盈溢出来,他紧紧地握住邓小平主席那双温厚的手,他的心醉了。

英雄本色

在葫芦市

★★★★★

麦贤得感觉最近军营后面的小灌木林的鸟儿十分恐慌，时不时就往营房的屋檐下窜，而且那"叽叽"的叫声似乎是像求援的一样。特别是在午休的时间，树林里时不时传来"嘣""嘣"的沉闷的响声，鸟儿便"呀、呀"地飞出来了，钻进屋角里"叽叽"地颤声叫着。那声音真令人可怜。

他觉得这事情必须管一管。于是，他今天就放弃了午休，吃饱午饭后，就钻进那密密匝匝的刺蓬里，蹲在地上，屏住呼吸，观察动静。

"嘣""嘣"，耳边响起两声脆响，他睁大眼睛，透过密叶缝瞧去，发现在东面的树林里有一个十三四岁的少年带着两个五六岁的男童，那少年握着鸟枪，正在瞄准着树上的一只白鸽，只听"嘣"的一声，那白鸽便一头栽了下去。那两个小童高兴地飞跑上来，争着抢牺牲的白鸽。啊，那白鸽一定是苏教导员家的。这几天苏教导员的妻子老念叨着笼子里的白鸽越来越少了，原来是被这几个小坏蛋消灭进肚里去的！

麦贤得猛地一跃，便跳出刺蓬，大喝一声："小坏蛋，敢吃鲜？！啊——"他一声高叫，一个箭步扑上去。那少年一见势头不妙，背上枪，提着战利品，一跃便翻过围墙不见了。麦贤得冲上去。被甩下的两个小娃像惊弓之鸟"哇哇"地哭了。

"唬！唬！唬！"麦贤得装着老虎脸，双手举在眼前，十只手指一开一合，舌头长长地吐出来，"唬！唬！唬！"

"哇——"那两个小娃亡魂丧胆，"妈妈，妈妈，我妈啊——"

不行，不行，他们太小，耐不起吓唬。他便决定不再吓他们。他们也是那跑了的坏蛋带来的。这回，那家伙却自顾自跑了，留下这两个小娃，瞧他们哭得鼻涕要垂到胸前了，他有些怜悯他们了。他弯下腰，柔柔地问："喂，小弟弟，你们叫什么名字，告诉叔叔，就放你们回家。"

那两个小家伙对视了一眼，看这个阿叔现在并不像刚才那样唬人，笑眯眯的，就放心了。那个脑袋留着鼎子圈长发、周围剃得发白的小家伙嘤嘤道："我……我叫小鼎子。"那个剪着小平头、头发旋着两个发涡的抹抹鼻涕，嘤嘤道："我……我叫小洞洞。"

"好，一个叫小鼎子，一个叫小洞洞。"麦贤得觉得十分好笑，这两对父母实际是两对笨蛋，连一个好听的名字也不会安！但内心叫一叫"小鼎子……小洞洞"，觉得也十分顺口且有趣，算了，就跟着叫罢："小洞洞，小鼎子，我问你们。"

小洞洞抹抹鼻涕，小鼎子擦一擦浓发，怯懦道："行，叔叔你问。"

"刚才跑的那个坏蛋是谁？"

"他不是坏蛋，不是坏蛋，"小洞洞那双小手摇了摇，提出不同意见，"他是我小叔叫阿标。"

"是坏蛋，大坏蛋！"麦贤得火了。双眼火辣辣的。

"哇！"小洞洞一见，吓得又哭了，青青的鼻涕又流出来。他不知道领导不喜欢人家提不同意见。

"别哭，小软蛋！"麦贤得哄道，"他不是坏蛋怎的闯进军营打鸟，捣乱秩序，打教导员家的鸟，还不坏蛋？"

"坏，坏，是坏蛋。"两个小娃怕他，只得跟着称坏蛋。

麦贤得见他们承认坏蛋，也高兴了。但这时候，他觉得自己可惹来一件麻烦事了。那坏蛋溜了，丢下这两个小娃，他要带往哪去？真是的！

"叔叔，我要尿尿。"小洞洞嗫嚅着，睁着双眼，惊恐地望望麦贤得。

"拉尿就拉尿，不必请示。"麦贤得十分宽宏，"往草丛拉就行。"

小洞洞用小手拉出那小牛牛，但憋得两颊通红，拉了半天，就不见尿出来，"叔叔，尿不出来……"

"笨？！"麦贤得骂道，"用劲拉！"

"嗨，嗨，叔叔，没尿没尿。"小洞洞一定是刚才被麦贤得唬得尿拉不出来了，他聪明骗说没尿。

这可就麻烦了！这两个小娃要带往哪里？他们是谁家的孩子？

"小鼎子，你爸妈叫啥名字？"麦贤得问。

小鼎子没尿，但额头至今还冒着汗，"我爸就叫阿爸，我妈就叫阿妈。"

"扯？！"麦贤得又骂道，"阿爸就叫阿爸，阿妈就叫阿妈，你就叫你，我就叫我，这是怎么说的！"他又火了。

"哇！哇！"这会儿轮到小鼎子哭了。

"小洞洞，你，你说！"

"我爸叫大犁，我妈叫素云。"

"哦，你妈叫素云？"麦贤得十分惊讶。他想起洴洲家乡的老同学就叫麦素云，这小洞洞的母亲也叫素云。真怪真巧！

"你妈姓什么？"

"我妈就叫素云，她没姓什么。"

"人人都有姓，就偏偏你妈没姓！"

问不出究竟，麦贤得唯一的办法就是先把这两个小家伙领回房间，每人先给几粒酥糖慰劳慰劳，解放军优待俘虏嘛。这两个小家伙看来也算俘虏之列。然后，就让这两个小家伙带路，送他们回家去，不然，留在房间里，今晚尿床了，明天要叫阿贤妹洗涤，那可又要挨骂了。

"走！"麦贤得命令道，"往正门走，别爬墙，到我房间去，食酥糖。"他俩眼睛登时发亮了，便跟着他走出树林，沿着毛茸茸的小径向大门走去。

远远的，麦贤得就见到一个少妇，戴着竹笠，在大门口探头探脑。

小洞洞眼尖，一见，高兴得高声嚷道："阿妈，阿妈，我在这里！"

那少妇一听，也惊喜地应道："唷，小洞洞！"

"她是你妈妈？"麦贤得问。

"嗯，我妈妈。"小洞洞假装聪明地推理，"一定是我小叔回家告诉她，说我被你抓住了，叫她来救我们的。"

"啊！她能救你们！"麦贤得一听，又火了，"要是我不放你们，瞧她如何救你们！"

"哇！哇！"两个小娃又被吓哭了，"叔叔，放我们吧，放我们吧！"

"嗯，这才差不多！"麦贤得又高兴了，"小洞洞、小鼎子，等一会我放你们，你们就要告诉说是叔叔宽待俘虏的。知道么？"

"知道，知道。"两个小娃连声道。小洞洞又抹了抹刚刚流淌出来的鼻涕。

走到大门口，麦贤得就把他们交给那少妇："阿嫂，要教育儿子，别乱打鸟，鸟是养的，知道么？"

"知道。"那少妇身材高挑，虽是一身乡下人的打扮，但举止温存。

啊，声音熟熟的！麦贤得仔细一瞧，这不是麦素云么？那椭圆形的脸,那闪亮的黑瞳仁!

"素云!"麦贤得十分惊奇。

"啊,你——"那少妇惊愕地瞪着眼前这解放军,"你……你不是阿得吗?"

"嗯,素云,你怎的也来葫芦市,你……"

麦素云怔怔地望着麦贤得,半晌,嗫嚅着:"阿得,想不到会在这里见到你,你……"

麦素云见在门边站岗的战士在注视他们,便道:"阿得,你有空么?你跟我们回家去,我丈夫在家里,喝杯茶,聊聊。"

"哦,你嫁到葫芦市?"

"嗯。我家就在村子中央的榕树下。"

"哦,榕树下有一口大塘,大大的?"

"哦,你去过?"

"嗯。你等我一下,我拿一件东西,我本来下午也要去的。"说完,麦贤得便匆匆回房间拿来了一包用报纸包得严严实实的东西,便跟素云一起往村子去了。

△ 麦贤得全家福

麦贤得跟着麦素云往村子里走去。他边走边想：天下事真怪，有缘无缘都不由人。读小学，流着鼻涕就在一起，她长成大姑娘了，挑肥拣瘦也放纵了许多时光岁月，挨到我伤好些了她还名花无主，本来也可同我结成连理的，但我这伤残确也吓人，竟吓跑了她。听说她远嫁了。嫁往哪里，我也没细问。今日，转眼也已六个年头了，却无意中抓那打鸟的小家伙，抓的竟是她的儿子小洞洞。唉，真是人却无缘天有缘！看来我跟这素云的友情是老天注定的！

　　拐了几道弯，便来到大榕树下。他对这株大榕树，也觉得很有趣味。别的榕树，只有一株，而这株榕树却两株合抱在一起，周围长了许多小榕树，像新会的"小鸟天堂"的榕树林一样。虽然没那里的繁盛，但也成一景，浓荫蔽日。只是这里的榕树枝头少了许多许多的小鸟，树下多了三头大水牛。那老牛们躺在树下反刍纳凉，浑身布满乌豆般的苍蝇，一翻身苍蝇便"嗡"地飞旋。他瞧着，心内便嘀咕：这么不卫生，无怪乎那老姆会生那怪病呢?！

　　他道："素云，你先跟我往那大姆家行不行？"

　　素云问："那大姆叫甚名字？"

　　麦贤得道："不知道，就在那边。"他用手指一指拐弯处。

　　"是你家老亲？"

　　麦贤得摇摇头。

　　麦素云不解，因多年不见，感到他人似乎精灵又似乎怪怪的，便不敢多问，就懵懵跟他朝巷子里走去。那小洞洞和小鼎子却一溜烟跑了。

　　门很破旧，低矮的老屋，砖墙灰泥已剥落。屋里一个二十多岁的瘦黑汉在补破竹筐，噼啪噼啪地响。

　　黑汉子一见他们，便惊喜道："解放军，素云嫂！"

　　"哦，这不是番薯婶家么？铁汉，你妈好些吗？"素云又不解地问："阿得，你怎认识铁汉？"

　　麦贤得烦躁了："什么铁汉铁汉的，大姆病了！"说完，他便把手中的东西搁在桌面上，对铁汉道："小兄弟，安宫牛黄丸，给大姆服。吃完了，病不好，再找我。"麦贤得边说边解开报纸，铁汉见真的又是一盒包装精美的安宫牛黄丸。只见他瞧着瞧着，浑身一个哆嗦，连连磕头："谢谢大恩人，谢谢救命恩人啊！"麦贤得一见，又火了："搞什么名堂，救人救人，到底救谁呢，你在这里磕头，还不倒开水让大姆服药！"他边说边帮着拆开药丸。

　　"铁……铁汉，咳……解放军真好！真……"里房传出番薯婶激动的唠叨，"素云嫂，你……你来……"麦素云一听，便掀开布帘走进去。"素云嫂，他……他，你认识吗？大恩人啊！你代我谢……谢。"素云点点头，轻声道："他就是英雄麦贤得，我家乡兄弟。""哦，是麦英雄，是麦英雄，真是天下第一好人啊！"

铁汉端着开水进来了，老人颤声道："孩子，你可要记住，大恩人叫麦英雄，麦……"

　　"你们在搞什么名堂！"麦贤得在外面发火了，"点点事，值得提？素云你真坏蛋。谁要你把我的名字告诉她？真坏！"说完，便咚咚跑了。

　　麦素云慌忙追出去，见他已无影无踪了。只得喘着气跑回来。一问，方知原来番薯婶的病急需安宫牛黄丸。这药金贵，每粒近十块钱。这对一个普通的农民家庭，是想也不敢想的。听医师说后，儿子铁汉急得蹲在地上大哭。一连几天，看着病情日渐加重的老娘，铁汉茶饭不思，坐卧不宁。那天下午，铁汉又哭了，边哭边用手捶着自己的胸："铁汉啊铁汉，你真是牛屎还不如啊，眼睁睁看着亲娘活受罪！"正在这时候，"吱呀"一声，竹门被推开了，穿着海军制服的麦贤得走进门来，见这哭成泪人的铁汉，张口就训道："男子汉大丈夫，哭啥？你娘生你这哭包的，管啥用呢？"他问明了因由之后，转身就走——隔日就送来了安宫牛黄丸！今天，相隔仅半个月，药丸刚刚吃完，他又送来了！这些可都是麦贤得省下自己微薄的工资买来的呢。

麦副司令管"全面"

★★★★★

　　随着社会对英雄和模范的看重，海军机关对麦贤得更是十分关怀，逐级地提了职务，给他政治上与经济上、生活上关怀照顾。麦贤得的官阶从连级干部的"助理员"，渐渐地升上来。前不久，海军机关又破格地把他从上校的水警区司令部副参谋长一跃升上了大校衔的水警区副司令员。

　　他因身子不好，不能亲自上水警区带兵训练打仗，因此他的官阶前面就加上一个"副"字。因为"副"可多可少，多一个少一个关系不大。麦贤得这个"副司令"表面看来像闲职似的，他不去找事干，人家也没多少事找他干。但是，其实他这个"副司令"管的事多哩，一出门见到什么就管什么，不受条条框框的约束限制。军事要管，政治后勤的也要管,他上街上市场见什么不顺眼的事,是什么就管什么。从汕头管到广州,从广州管到北京,只要哪件事觉得需要他管,他都管。认识麦贤得的人太多了,只要他一发怒,那双剑眉倒竖,虎气生生,真是令人毛骨悚然。闻其名都不得不敬服:"啊,麦英雄!"

其实,别看他那样子,凡他管的都管得挺有水平呢。

并不是吹牛,只要你问一问他的同事或护理员小罗、小李或小黄,包管准都能给你举出一两个生动的例子的。

先听听大队祝业务长至今还发着颤音的回忆吧——

那天真扫兴,碰巧舰上有事,我匆匆地走往海边,在大队修理车间门前碰上老麦,他一把便拦住我:"喂,业务长!"我一见是老麦,便恭敬地应道:"你好,麦副司令。""瞧,这里。"他一把将我拉住,指了指修理车间门前放着一堆废旧木头和锈蚀钢筋,横七竖八的,只见他直皱眉头,高声嚷道:"这像什么话?马上派员清理,卫生要讲究啊,同志!"我连连答应道:"是,麦副司令。"说完我旋即往艇上料理业务去了。还没过一个多小时,大队通讯员飞奔而来,紧张道:"业务长,糟了,快回大队部去。"我丈二和尚摸不着头脑,通讯员:"糟了,麦副司令发脾气了,他要把你光荣榜的照片揭下来。"真的糟了,他刚才布置我派人清理卫生,我误了!我慌忙飞奔往大队部,只见大队曹政委在一旁赔着笑脸跟他解释,他正在发脾气,他正在动手要揭光荣榜上我的照片了。我大气呼呼地跑到跟前,他破口大骂道:"你光荣什么,当什么先进的,连卫生都不搞,稀稀拉拉像什么样子!我老麦说话不算数嘛?"我还想解释,曹政委用眼睛狠狠地瞪我一眼,暗示我马上承认错误。我猛醒了,连连道:"是是,麦副司令,我错,错。""嘿嘿,"他乐了,他见我承认错误,气就消了,"马上动手,愣什么的家伙?"我如遇大赦,慌忙回营房里面叫了几个战士,跑往修理车间门口。只见麦副司令已经自己动手在干了……

说到此,榆林基地一位干部也吐了吐舌头说——

真的,以后进汕头水警区,你可千万要注意军容,不然,碰上麦副司令,就够收拾你的老命呢。一次,我从榆林基地回汕头休假,穿着便衣,骑着摩托车,"呼"的一下直抵军营。忽然迎面一个人一个箭步冲上来,我马上急刹车。他二话没说就把我从摩托车逮下来,责问我:"你是何方大圣?为啥不下车?"

我连忙从口袋里掏出军官证递上去,他也掏出老花眼镜,瞧了瞧,便训斥道:"你是军人,为什么不穿军装,稀稀拉拉像个什么样子的?同志!"我马上立正,老老实实地认错了,表示以后改正,他才笑笑放了我一马……

麦副司令亲自当纠察,抓军容。他德高望重,官兵们敬重他,同时也怕他,当然也服他。不管谁被他抓住,谁都得服服帖帖当场改正,他就微笑着放行。

据公务员小黄讲,他对人要求严,对己要求也严。他住在市区里,军营里别的事没告诉他,他也不追究,而一件事没告诉他,他可不罢休呢。就是部队捐款捐物的事。记得有一次部队向亚运会捐款,忘了通知在家里养病的麦贤得。他不知在哪里探知到消息,惊讶道:"这么大的事,为什么不告诉我?"连忙催公务员一起到部队。他坐在公务员的单车架后面,火急火燎地从市区到机关,这时捐款款项已经寄出了,麦贤得一见好不高兴呢。政治部见他这般真情,特意为他一个人举行捐款仪式。他庄重地往捐款箱里投进了六十元,然后又按他的要求,电汇到北京。麦贤得直到看了汇款收据才放心。临走时,还一遍一遍地说:"我还是海军,以后捐款不能忘了我。"

听李玉枝说,他这爱心对社会也是一样的。只要知道哪里有灾难,他都要挤点款捐出去呢。

在护理麦贤得的所有公务员中,恐怕只有小罗没称他为首长,而称他为"老麦"。小罗比老麦小十四岁,他俩却像兄弟般相待。小罗当初接到护理老麦的任务时,见了一面,觉得十分可怕。他是潮汕乡下人,家里老父经常生病,李玉枝对他甚好,按规定公务员护理老麦要照顾他的日常生活。而自从玉枝到汕头安家后,这一条就全部被她包揽去了,公务员只是平时随老麦出外,照顾他的行动。沿海台风多,小罗的家在海滨,气象台一报台风要来了,玉枝就同阿麦商量,让小罗回家照顾他生病的老父亲。小罗因而渐渐地对麦家夫妇十分的感激,任劳任怨照顾老麦。

但小罗喜欢哭鼻子,护理老麦才一年,就哭了两次鼻子。

第一次是随老麦往桂林疗养院疗养。老麦被安排在高干食堂吃饭。这些高干都是将军或师级干部,他们不是生病就是年老体弱,行动不方便。三餐一到,老麦就帮他们装菜装饭,但因人多,老麦一时照料不来,就派小罗一起照料。小罗心里就犯嘀咕了:"你自己还要人照顾,却去照料别人。"老麦耳朵灵,听见了,脸色就变:"小罗,你是为公还是为私?我比他们行,我自己照料自己,以后,就要你天天照料他们!"小罗太委屈了,以后不但不敢放弃平时照顾老麦的本职,三餐一到还得丢下老麦,同老麦一道照顾这些高龄的首长。

终于挨过了半年,疗养结束要回汕头了,他们顺道下榻海军广州基地。那时天气炎热,食堂人多,老麦喜欢吃稀粥。吃早餐时,一锅稀粥没一会就完了。他老是让人先舀,但一人紧挨一人,一同进来的已吃饱打着饱嗝走出食堂了,他还站在一旁。小罗等不得了，就钻进去，老麦发火了："这是什么事，先让人吃嘛，乱弹琴，为公还是为私？"他这一吼小罗委屈得直流泪。他明明是怕老麦没吃上饭，饿坏了，这是他的责任啊，但却又挨批。这是第一次哭鼻子。

第二次哭鼻子，是一次老麦不明不白地失踪了。那次是春节临近的时候，路上车来人往，甚是热闹，市场也挤满办年货的人。明明他们清早一同从孔庙出来，但走到中山路后他就混入人流去了，再也找不到了。小罗急得汗流浃背，不知要怎么办才行。他找遍他常去的地方，都没找到。他又哭鼻子：若是老麦有所闪失，怎对得起组织、对得起玉枝姐呢？人这么多，车这么多，老麦近来身体又有些不适！

可是，老麦却不知道小罗在哭鼻子。这时候他独自闯进市场里。他家玻璃缸里的金鱼最近牺牲了三条，他决定要补员。他人高步子快，一挤进人流，便把小罗丢了。他是渔民出身，对鱼，不管是从河里捕来的还是从海里捞来的，他都烂熟。而鱼贩们最怕他。这时，他又走进鱼档了，那些老牌的小贩认得他的，都喊喊私语："他又来了，他又来了。"他一头走往一金鱼摊档。这金鱼摆在木盆里，条条睁着大眼睛在悠游嬉戏，硕大的木盆周围挤满了人，大家争相选购。老麦挤了进去，仔细地端详那些可爱的小家伙，突然，他伸手从盆中连抓了几条金鱼，提起来对周围的人说："这些鱼不能买。鱼鳞都脱了，买回去活不了几天。"说着就将鱼摔在地上，又指着档主说："你这做生意的，不能把坏鱼拿来卖，不能见利忘义！"这档主见鱼被当众砸在地上，而且还当众指责他，生意被砸了，登时火冒三丈，顺手从地上操起一根扁担，呀呀怪叫着要跟他拼命。有个矮矮的老贩子慌忙跑过来，拉着这金鱼兄，悄声道："老兄台，你惹得起他吗？"金鱼兄闪着那金鱼眼，愤愤道："他是尼克松，我也不怕！"矮贩子道："他不是尼克松，他是麦贤得麦英雄呀！"金鱼兄一听，那金鱼眼登时失色，举在半空的扁担"当"地丢下地，把钻在一边的一头大黑狗砸得汪地一声——跑了。他慌忙招呼伙计："快，还愣什么，麦英雄，你惹得起？收摊。"

麦贤得得胜走了。市场里还喊喊议论着。那矮贩子对金鱼主道："嘿嘿，老兄台真是贤者避势，好汉不吃眼前亏。你能惹他？他脑子里那粒有机玻璃的价值，够你卖三辈子的金鱼呢。半月前那个卖甘蔗的二愣头，浑身都是力气，人有一百六七十斤，卖蔗短秤了，被他发现，当场秤杆被砸断，二愣头要跟他动武，一听说是麦英雄，全身都软了。惹得起他……"

离开市场，麦贤得走往中山路来。这会儿已是下班的时候，车来人往，甚是热闹。突然，路上塞车了。麦贤得连忙加快脚步，钻进前面去，发现原来在十字路口上有一辆车要横穿公路，与直路的车挤在一起，横路又直驶来一辆车，三辆车谁也不让谁，四面就塞住了。交警不知跑到哪儿去了。麦贤得一见，便噔地冲上去，嚷道："乱弹琴！来，都听我指挥。"他脱下外衣，"听我指挥，这外衣就是旗子，中山东的车，金新北的车……"他嚷着，人们觉得奇怪，这人是哪来的便服警察？有认得他的高叫道："啊，麦贤得，麦贤得当交警。"他这一嚷，四面的人都惊奇地挤来看热闹，有的从电视上见到他而从没见到过他真人的更是挤得欢。不一会儿，周围几乎人山人海了。正忙着，闯进一个真交警，他见这地段糟透了，又见那岗位上站着一个汉子，手中握件外衣在摇舞着，便气得火冒三丈，冲上去破口大骂道："你是哪方来的野汉子，给我滚！"麦贤得见那民警骂人，估计这家伙是偷懒去，回来还骂人，便当胸扭住他："你是为公还是为私？稀稀拉拉的！"那民警刚要动武。忽听有人高叫道："同志，打不得，他是麦英雄啊！"那民警定神一瞧，真的，眼前这人不正是麦贤得麦英雄吗？他啪的一声行了一个军礼，连声道歉道："麦英雄，怪我有眼不识泰山，请原谅，请原谅！"

说话间，小罗已满身大汗地挤进来了。这回，小罗终于高兴得流下泪水——首长终于平安无事了！刚才要不是他喝住警察，真的打起来，那可就糟了。

 八·六生日

★★★★★

这位娇巧的女孩把玲珑的邮包寄出之后，那张甜甜的嫩脸便添上诱人的笑靥："嘻嘻，爸爸见了，一定会高兴地夸他的女儿的。"

她知道，爸爸很喜欢她给他的礼物。别瞧那东西小不零丁的，却花了她好几个月津贴费的积蓄呢。她掐着小指数了数：今天是8月1日，按平素邮东西去，一星期刚好就到汕头，妈妈就会往红领巾邮局取，刚好爸爸生日时就见到这东西；给爸爸一个意外的惊喜，真棒！

　　她叫麦海珊，是麦贤得的女儿，初中刚毕业就考上这南京海军医专学院，是全班唯一的初中毕业生。她发奋努力，勤学苦练，仅半年多的时间，成绩便赶上班里的高中毕业入学的同学了，但她却瘦了很多。她心里很高兴,她没给阿爸丢脸。

　　真的，她越来越爱爸爸。小时候，她眼中的爸爸，是一个怪样子，有时像一个百分之百的布尔什维克，像刚从列宁格勒派回来的列宁的卫士一样，满肚子的马列，眼睛里半点尘埃都容不住。她和哥哥稍有不慎，违逆了他的"逻辑"就会遭他的责骂。她太怕他了，一见他那张长长的黑黑的面孔，那像杨子荣一样锋利的剑眉，她就吓得说话不敢出声，吃饭不敢咀嚼。后来渐渐大了，听了妈妈讲爸爸的故事，又后来，渐渐地家里来了许多许多的信件，一些远方的不认识的朋友都给爸爸写信，都在问候爸爸妈妈。这时候，她才开始从心底里重新认识爸爸。特别是1994年入伍之后，有一天，学校政委要她在全校学生大会上讲述爸爸的故事。她懵了：她是爸爸的女儿，同爸爸长期生活在一起，爸爸的故事是什么呢？妈妈曾经讲了，不止讲一次，但眼下要她讲就不知道如何讲起。她怕讲错了，被同学们笑话。她便打电话问妈妈，妈妈说我也讲不准，你就自己问爸爸吧。接着话筒里传来爸爸远隔千里的声音，倏地一股暖流布遍全身，爸爸跟她说话了："阿珊吗？你在哪里？""爸爸，我在南京海军医专学院里面，你给我讲你的故事好么？首长要我向同学们讲。""我的故事？不，是我同我的战友的故事呢，是战斗集体。爸爸是一小小的螺丝钉。海珊，爸爸平平凡凡的，你也平平凡凡的。要谦虚，懂么？""知道，爸爸，我永远是平凡的女孩。""这就对了，海珊，爸爸就跟你讲故事……那是1965年8月5日深夜，敌舰上一个老兵抽烟，烟头一闪，暴露目标……"海珊认真地听着，笔尖在纸上沙沙作响，当爸爸含有语音障碍的声音断断续续讲到他脑浆外流，血浆蒙住双眼还坚持战斗时，海珊心头酸，哽咽着问："爸爸，你不痛吗？""痛。""那你为什么还能站起来，还能穿过舱洞往前舱去？""战斗没结束，炮声召唤我，祖国召唤我，人民召唤我……阿珊，台湾还没……没解放，祖国还没统一，有人要闹……闹台独，我们就要狠……狠地揍……"麦海珊泣不成声："……爸爸，您太可爱了，爸爸！"

　　她永远忘不了八•六这个神圣的日子，这个日子是爸爸身负重伤的日子，也是震撼全国的日子，也是爸爸的再生日子！爸爸和他的战友黄伯伯、彭叔叔把这日子定为"生日"，是千真万确的。

　　海珊走出了邮局，穿过了喧闹的街道，走进军校里去，她心底里默默地遥祝爸爸生日快乐……

身着海军大校制服的麦贤得，显得十分威武，那肩章在晨光下熠熠生辉。

他坐在沙发上，一边泡茶，一边接着一个连着一个的电话。

李玉枝在厨房里走进走出，时而从市场上购来各种各样的菜色：猪蹄、红枣、卤鹅、牛肉丸、墨斗丸、鲜猪肉、鳗鱼、对虾、蛤、蟹……刚放下，又匆匆跑出去，从小卖部提了三条"红塔山"香烟……小黄也忙，他刚往生日蛋糕店交代了生日蛋糕，就接到阿珊的邮件领单匆匆往红领巾路领邮包。

八·六定为生日，是阿麦和老班长黄理省、彭得才三人定的。以往，每当八·六这一天，他们三人就相约轮流做东，有时在老班长家，有时在彭得才家，有时在他家。但是，几年来，彭得才已上调广州疗养院去，老班长的儿孙也多了，就在各自的家庭庆祝。但生日一到，老班长还念着阿麦是伤残的人，还上门来祝贺他的"生日"；而彭得才，"生日"都忘不了来个电话相贺。是的，同一个轮机班，就剩下他们三人，那陈文乙转业已在老家惠来，太远了，没能团聚，但也忘不了来个电话。不是嘛，阿麦正在跟谁通电话呢？李玉枝刚放下香烟，只听阿麦在厅堂上叫嚷道："李玉枝，陈文乙要跟你说几句。"

李玉枝慌忙从厨房里跑出来。接住话筒，只听里面传来陈文乙那含着笑语的声音："喂，嫂子吗，哦，祝贤得生日快乐，也祝你们全家幸福呀！""指导员呀，谢谢你了，也祝你生日快乐，祝巧姐身体好，全家幸福呀……"他们高兴地祝贺了一番。话筒刚刚放下，又铃铃响了，麦贤得拿起来一听：啊，是彭得才，"好家伙，来电了！生日快乐，快乐呀！"麦贤得高声嚷道。他或许认为声音高，不要电线也能传到广州一样，震得玻璃窗也格格作响……

"哎呀，小麦呀，我在中山路上，就听到你的声音。"黄理省矮胖胖的身子已竖在门口。麦贤得一见是老班长，便对着话筒道："小彭，老班长来了，说几句。"说着又把话筒塞给老班长，"啊，好个彭得才，你还忘不了我和小麦呀，可喜可贺！孩子毕业了，啊，你还得了全军科学进步奖？好呀，祝贺，你成科学家了！"老班长听说彭得才研究的治愈脉管炎的药物获奖，高兴得那张包子脸绽开了花。

谈了半天，约摸彭得才的科学进步奖的奖金要赔上电话费了,黄班长才说"拜拜"。回头没见阿斌阿珊,便问:"那两个小孩没回来?"

麦贤得高兴道:"黄班长,阿斌进步,前年军校毕业,还入了党,参加驻港部队,当军需,刻苦,首长表扬,可以的。他出海几天了,今天会到。阿珊就不回来了。"说到这里,麦贤得似乎有些失落感,声调有些戚然。

"阿珊没来电话吗?"

"没有,这孩子就没我的心。"麦贤得一气,便开始责怪了。

说话间,小黄匆匆地走进来,一手提着一大盒蛋糕,一手提着一件精巧的邮件。见黄理省,便笑着招呼道:"老班长,您好!"

"嘿嘿,生日就忙坏小黄了。"老班长说着,又问,"那邮包谁寄的?"小黄道:"您猜,麦副司令也猜猜。"麦贤得心头还有气咻咻道:"不猜不猜!"小黄便高声道:"是你的宝贝女儿麦海珊!"麦贤得一听是女儿寄给他的东西,便乐了。一把夺过邮包,三下两下就拆开牛皮纸,里面还包裹着红纸,花花斑斑的,啥玩艺儿?剥开一瞧:呀,一把精巧的电动须刨呢!"哈哈,"黄理省开怀大笑道,"小麦,这娃真的知书达理,送给你须刨,知道你的黑胡子硬邦邦的,必须天天刮,永葆青春啊!"回头往里房嚷道,"嫂子,你女儿给小麦带来青春还原剂了!"

麦贤得见着这玲珑精美的须刨,叫小黄往铺子买了两颗"夜明牌"电池,装上去,电钮一按,便"嘀嘀"叫起来,他往下颏刮,便发出轻微的嚓嚓声,没半丁儿痛感,舒畅透了。他心里道:"还是女儿疼我呢!"

岁月如烟,人生苦短啊!黄理省沉默半晌,感慨万分。

铃铃铃,电话又响了。麦贤得拿起话筒,里面传来麦海斌的声音:"爸爸,你好,生日好!现在我已赶回汕头了,船停泊后,我马上就回家……""不打紧,工作为重。你黄伯伯来了,亲友们都要来了……"

"侯政委、郭老板、黄干事……欢迎欢迎!"门外传来李玉枝琅琅的声音……

胡主席接见

2007年8月1日，正是庆祝中国人民解放军建军八十周年的大喜日子，也就是距离当年毛泽东主席接见麦贤得四十年的时候；距离当年江泽民主席接见麦贤得十一年的时候，中共中央总书记、国家主席、中央军委主席胡锦涛在北京人民大会堂接见了麦贤得和他的妻子李玉枝。

人民大会堂的傍晚，灯火辉煌，喜气洋洋。宴会厅上，党和国家、军队领导人都来为各位出席宴会的人民解放军英雄、功臣敬酒。最幸福的时刻到来了，麦贤得发现胡主席和中央其他领导人向他走来，向他敬酒来了！他高兴地站起来，妻子李玉枝也高兴地站起来，她轻扯一下老麦的衫裾，小声道："阿麦，要沉着，别冲动。"胡主席来了。他笑着说："麦英雄，我们又见面了！"又问："身体怎么样？"老麦马上答道："为党、为祖国、为人民服务。"胡主席又转头关切地叮嘱李玉枝："嫂子，要照顾好麦英雄的身体。"李玉枝感激地答道："感谢总书记的关怀，感谢党和人民的关怀，我一定会尽力照顾好老麦的身体，请您放心。"

2009年4月24日，距离上次接见只有一年半的时间，在庆祝中国人民海军成立六十周年的时候，胡锦涛主席又在北京海军礼堂亲切会见海军老同志和英模代表。新华社、《人民日报》、《解放军报》等各大媒体在报道这一消息时，均刊发了胡主席和麦贤得亲切握手交谈的照片。

回忆起与胡主席四手交叠的情景，麦贤得此时的心情特别激动，特别甜蜜：

"身体还好啊！现在住在哪儿？"这是主席紧握老麦的手时所说的第一句话。

"住汕头。"麦贤得回答。

"生活过得好吗？"主席又关切地问。

"很好，主席放心！"老麦慷慨激昂地回答："为党、为祖国、为人民服务！"

说完，胡主席双手紧紧地握住麦贤得，四只手紧紧地叠在一起，摄影机"咔嚓""咔嚓"照个不停，大家开心地笑了！

……

据李玉枝回忆，老麦的回答跟上次一模一样。

"为党、为祖国、为人民服务"，这是麦贤得永远不变的人生信念。

4月28日，胡主席接见后第四天，麦贤得在李玉枝的陪伴下回到广州了。小孙子麦哲源和小外孙女杨茗然抱住爷爷和姥姥。他俩高兴地说："爷爷，我们在电视上看到您了，看到您和胡爷爷在笑，在握手！"

2岁的小茗然还把小脸贴着姥爷的脸，甜甜说："明年你带我上北京见胡爷爷好吗？"

"好、好。爷爷明年一定带你到北京见胡爷爷。"

小茗然一听，嘻嘻地笑着对玉枝说："姥姥，爷爷答应带我上北京见胡爷爷了！"

……

后 记

小书能见大境界

今年5月下旬的一天，吉林文史出版社王尔立副总编来电话说好不容易找到你了。她说知道我写了那部长篇传记文学《沧海英雄——八·六海战钢铁战士麦贤得》，他们目前正在编印出版"双百"人物的系列书籍。建国前那100本已经出版，建国后那100本也大部已在撰写，计划今年全部出版。而麦贤得正是这些未撰写的少量人物。他们知道我，而一直没能联系上，后找到我的原工作单位汕头市委，才找到我的电话，万幸！接着，她就征求我的意见，能否帮他们撰写一部麦贤得传记，并要求在7月底前交稿。

我觉得这似乎无法推辞，因为他们找我写的理由首先是我已写了《沧海英雄》，掌握了麦贤得的许多材料，而且这本书的出版已经过海军政治部的审读通过；再则我是麦贤得的小同乡，和他们一家及亲友都有感情；三是这部书已再版两次，因篇幅大，50多万字，读起来有些费时间，尤其是中小学生，作业多，要通读，可能没多少时间，如果是一部10万字以内的小书，恐怕普及面更广，通过这本小书，可把麦贤得的英雄事迹广为传播。真是好事一件。于是，我毫不犹豫就同意了，跟出版社签订了出版合同，约定7月底前交稿。

又是好事多磨。两年来，一直身体欠佳的家父在今年5月底又住院。妹妹来电告急，我们夫妇匆匆回老家饶平陪护。经过抢救医治无效，家父于6月中旬病逝。前后20多天，陪护、送殡，尽了人子之责。回到单位，又碰上自己任主编的《红广角》杂志经营改制，忙里忙外，根本没时间动手撰写书籍。至7月中旬才腾出些时间，我感到7月底是难拿出来的，若拿出来，也会很粗糙。于是我向王总请求，可否延一个月交稿，即8月底交稿，因我的特殊情况，她同意了。

于是从7月下旬开始，我用了20多天，把50多万字的《沧海英雄》浓缩为16万字，再在此基础上砍剩11万字，最后在这11万字中逐段逐句雕琢、润色，去掉可有可无的东西。经过五易其稿，终于拿出这本近十万字的书稿。

书稿出来后，我再认真通读两遍，觉得还好。一是我坚持原来《沧海英雄》的纵式写法，从麦贤得出生写到去年胡总书记接见，共67年时间，全书字数减去7倍，但总轮廓还很鲜明；二是字数虽少但我始终抓住麦贤得的硬骨头精神，突出他那倔强的性格，展现他那革命英雄主义的形成过程，性格特点还较为鲜明；三是该书的重点部分"八·六海战"、"生命诚可贵"基本保持了原貌；四是该书还尽可能地保留麦贤得身边的群体英雄即母亲、妻子、兄弟、战友的形象，让人感到英雄的成长并非无源之水、无土之木；五是该书还继续保留《沧海英雄》的风格，尽量注意文字的生动、可读，细节的生动、可信，以消除人们对读英雄的书"高大全"的畏惧。

诚然，要把一部50多万字的英雄传记浓缩成数万字，达到少而精，一定有许多忍痛割爱之处。这只能请广大读者谅解，尤其是英雄夫妇、战友、亲友谅解。我们的目的在于使英雄的事迹更加普及，教育面更广。理解万岁。

王国梁

2012年8月6月于广州清风阁

100位
新中国成立以来感动中国人物

丁晓兵　马万水　马永顺　马恒昌　马海德　中国女排五连冠群体
孔祥瑞　孔繁森　文花枝　方永刚　方红霄　毛岸英
王　杰　王　选　王　瑛　王乐义　王有德　王启民
王进喜　王顺友　邓平寿　邓建军　邓稼先　丛　飞
包起帆　史光柱　史来贺　叶　欣　甘远志　申纪兰
白芳礼　任长霞　刘文学　刘英俊　华罗庚　向秀丽
廷·巴特尔　许振超　达吾提·阿西木　邢燕子　吴大观
吴仁宝　吴天祥　吴金印　吴登云　宋鱼水　张　华
张云泉　张秉贵　张海迪　时传祥　李四光　李春燕
李桂林和陆建芬夫妇　李素芝　李梦桃　李登海　杨利伟
杨怀远　杨根思　苏　宁　谷文昌　邰丽华　邱少云
邱光华　邱娥国　陈景润　麦贤得　孟　泰　孟二冬
林　浩　林巧稚　林秀贞　欧阳海　罗映珍　罗健夫
罗盛教　草原英雄小姐妹　赵梦桃　钟南山　唐山十三农民
容国团　徐　虎　秦文贵　袁隆平　钱学森　常香玉
黄继光　彭加木　焦裕禄　蒋筑英　谢延信　韩素云
窦铁成　赖　宁　雷　锋　谭　彦　谭千秋　谭竹青
樊锦诗

图书在版编目（CIP）数据

麦贤得 / 王国梁著. -- 长春：吉林文史出版社，
2012.9（2022.4重印）
（100位新中国成立以来感动中国人物）
ISBN 978-7-5472-1210-3

Ⅰ. ①麦… Ⅱ. ①王… Ⅲ. ①麦贤得－生平事迹－青年读物②麦贤得－生平事迹－少年读物 Ⅳ. ①K825.2-49

中国版本图书馆CIP数据核字(2012)第232157号

麦贤得

MAIXIANDE

著/ 王国梁
选题策划/ 王尔立　责任编辑/ 王尔立　李洁华　任玉茗
装帧设计/ 韩璘
出版发行/ 吉林文史出版社
地址/ 长春市福祉大路5788号　邮编/ 130118
电话/ 0431-81629363　传真/ 0431-86037589
印刷/ 天津海德伟业印务有限公司
版次/ 2012年10月第1版　2022年4月第4次印刷
开本/ 640mm×920mm　1/16
印张/ 9　字数/ 120千
书号/ ISBN 978-7-5472-1210-3
定价/ 29.80元